歴史文化ライブラリー

192

アスファルトの下の江戸

住まい
暮らし

寺島孝一

吉川弘文館

目次

アスファルトの下の目線から——プロローグ

掘り出される江戸の暮らし

「江戸」の発掘は一九八〇年代から次第に盛んになり、多い年では九万平方メートル以上の土地で調査が行われた。

町中での発掘は、通行人が入りこんでケガなどをしないよう、建設工事とおなじように高い「工事塀」を廻らせた中で行なっていることが多く、通行人の目に入ることはまれである。しかし、この「塀の中」の発掘調査で、江戸時代のさまざまな姿がうかびあがってきている。

御三家の一つの尾張藩、東北の雄仙台藩などでは、江戸屋敷の広い面積が発掘調査されているし、大名としては最も大きかった加賀藩もその上《かみ》屋敷の多くの部分がすでに調査されている。また、旗本・御家人などの邸宅跡や、町人地についても、次第にその実体がわかってきつつある。

もとより、発掘でみつかるものは地中にうずもれても腐らないもの、腐りにくいものだけで、当時の人々が生活のために用いた道具の多くは残っていない。また、発掘で掘りだすことのできるのは、「もの」に限られることはいうまでもなく、生活習慣や風習など、江戸の暮らしぶりを直接理解するということも難しい。

一方、江戸時代には、さまざまな記録が残されており、幕府や藩の政事《まつりごと》はもとより、数多くの随筆をはじめとして、こまごまとした日常生活の記録などによって、武士や商人、さらに職人などの暮らしぶりまで、かなり具体的にわかっている。また「もの」についても、現在まで伝世して残っているものが数多くあることは、いうまでもないことである。しかし、書かれたものというのは、あくまでも当時の記録者の、伝えたいことや意識にのぼったものであり、伝世した品というのは「貴重なもの」という性格をいやおうなく持っているのもまた事実である。

発掘史料が本領を発揮するのはまさにこの部分で、たまたま火災に遇《あ》ってこわれ捨てられたもの、ごくありふれていて、記録者の意識にものぼらなかったものまで、そのまま地下に残っているのである。

そして、文献や絵画をとおして知ることができる、当時の人々の心のヒダまでわかるような暮らしぶりの復元と、地下からみつかるさまざまな痕跡をあわせてみて、はじめて江戸時代のより正確な姿が浮かびあがってくるのではあるまいか。

高度成長期と歴史的な発見

さて、少し過去をふりかえってみれば、昭和三十年（一九五五）頃までは、家庭の暖房は炭をくべた火鉢《ひばち》だけだったかたも多いのではないだろうか。今から考えれば、ずいぶんと寒かったろうと思えるが、厚着をして、家族で火鉢のまわりに集まれば、それなりに暖かだったのだろう。正月が近づけば、米屋から届けられたモチを切って、「五徳《ごとく》」の上に置いたモチ網にのせて焼いてもらった記憶がある。

夏はもちろんクーラーなどなく、夜は「かや」をつって蚊の襲撃から身を守った。冷房もなくあのような暑くるしいものをつって、よく眠れたものと思うが、当時はそれが普通であったし、特に不快だとは思わなかった。

戦後日本の発掘調査の成果をふりかえってみると、ちょうどこの昭和三十年代の後半から、新しい発見が各地で相次ぐようになる。例えば焼き物の世界でいえば、「愛知用水」の敷設《ふせつ》に伴って窯跡《かまあと》が発見され、これまで闇につつまれていた平安時代の陶器生産の手がかりがみつかった。以後各地でこの時期の窯が発見され、日本の焼き物の歴史は、古代から現代まで一本につながったのである。それから今に至るまで、日本中で「新発見」が相次ぎ、新聞紙上をにぎわせているのはご存知のとおりである。

これらの「新発見」はそのほとんどが、国土の開発事業に伴うもので、これによって、新幹線・高速道路と、私たちの生活は飛躍的に便利になってきた。そしてこれらの活発な経済活動によって、私たちは世界で一、二をあらそうような「豊かな」国になったし、また世界一の長生きの国になった。

飢えや寒さ、暑さからは完全に解放され、このうえない快適な生活を送っているはずの今の私たちが、しかしみな、本当に幸せを感じているのだろうか。世界一の長生きを達成した日本の医学と、飽食ともいえる食生活は、豊かで快適な暮らしを楽しむ老人を生むと同時に、精神や肉体の老化に苦しむ人々（これを介護する人もふくめて）もまた同時に生み出している。豊かで満ちたりているはずの社会はまた、「学級崩壊」などに見られるように、人々の心とからだを次第にむしばみつつあるかにも見える。

忘れた不便な生活

江戸時代は確かに、現代《いま》とくらべれば貧しい時代であったろう。江戸の大《たい》火《か》では数多くの人が逃げ場を失って焼け死ぬということもあったし、奥羽地方の飢饉では何万人という農民が餓死したといわれている。しかし、かつかつ食べられる生活のなかで、人々はささやかな喜びをみつけ、子孫を残してきた。

江戸時代といわず、人はつい最近まで、自然の恵みと自然の過酷さに一喜一憂する生活を送っていたのではあるまいか。

高度成長のかけ声のもと、私たちはコンクリートで地上を埋めつくし、アスファルトで地面を覆い続けてきた。そして私たち自身を自然から隔離し、自然に打ち勝つことに挑戦し続けてきた。

それは成功したかにも見えた。しかし、飢えから完全に解放された私たちは、身のおき所のない孤独や、はげしい競争社会に否応《いやおう》なく投げこまれている。

「鉄腕アトム」の時代、私たちは、科学文明が発達すれば、天国のような社会ができるに違いないと信じていた。能力のある人もない人も、丈夫な人も病弱な人も、それなりの充実した人生をおくれると信じていた。

電車やビルの中は、過剰なほどの冷暖房がきいている。キュウリやナスが夏の野菜でなくなってからひさしい。花屋の店先には、数ヵ月も季節を先どりした美しい花が咲き誇っている。そして何よりも、医薬の進歩で人は簡単には死ななくなった。

このような恵まれた社会の中で、私たちは大自然の営みの中で、この星の一員として生きていることを忘れ、あたかも、神のようにふるまうことになれてしまった。そしてその代償として、長生きはしても、生きものとしての人間《ひと》は心身ともに確実に、そして加速度的にひよわになってきたと私には思えるのである。

飽食すれば、もはやおいしいものはない。暗やみの恐怖もなく、暑さ寒さに耐えることもなくなった私たちは、いったいどこへ行くのだろうか。

地下に置き忘れた生活

「今さら江戸時代に戻れるわけはない」というのは、当然であるし、一度体験した快適な生活《くらし》は、大規模な天変地異か戦争、または近く予定されている（？）この国の破産でもなければ、私たちの自発的な意志で捨てるのは不可能なことであろう。しかし、この今の社会が何かおかしい、こんなはずではなかったのに、といったごく素朴な疑問が、もっと貧しかった時代、もっと不自由だったといわれている時代についての知識を求めるのは、当然のなりゆきではあるまいか。

江戸時代がブームであるといわれてひさしい。

いや、実は江戸は、三田村鳶魚《えんぎょ》の時代からブームだったのかもしれない。その時には、消えゆく過去に対するノスタルジーとして。そして今、私たちは、二十世紀が捨ててしまったもの、その大切さを、無意識のうちに感じているのかもしれない。

人それぞれ、この時代の見かたはさまざまだろう。しかし、食べて、生きて、苦しんで、ささやかな楽しみをみつけて、そして子孫を残してという、生き物としてまっとうな生活とは、どのへんにあるのかを、心のどこかで探しているような気がしてならない。

ここで私が紹介するのは、江戸時代の人々の暮らしのうち、ほんの一部分にしかすぎない。アスファルトの下から出てきたもので、江戸の庶民の暮らしを語ろうとしても、残っていないものが多すぎるのである。

ここでは、サムライの華々しい活躍も語っていないし、近松門左衛門の妖しく悲しい世界とも無縁である。また、本所・深川・柳橋などでくりひろげられた、細やかな人情の機微などふれるべくもない。

しかし、私がこれまでかかわってきた仕事の中から、つまり、地下に残されたさまざまな痕跡を出発点に、アスファルトの下の目線で、当時の人々の実際の暮らしぶりを復元してみることによって、江戸の実像の足もとに、ほんのわずかでも新しい光をあてることができるのではないか。

その考えを出発点に、江戸に住んだ人々が、地下に残したものが、当時の文献にはどのように書かれているのか、また絵画にはどのように表現されているのか、さらに、なぜ地下に残っているのか、なぜ残っていないのかなど、さまざまな角度からさぐってみた。

江戸時代の人々の暮らしを理解するうえで、そしてなによりも、いまの私たちの暮らしぶりをもういちど考えてみる上で、いささかなりとも参考になれば幸いである。

江戸の家並み

江戸の蠣殻屋根

蠣殻葺きの家

作家の有吉佐和子さんは、小説『真砂《まなご》屋お峰』（江戸の材木商の娘の一代記）の中で、

明暦の大火《たいか》の後だよ、今の江戸ができたのは。（中略）金箔つきの瓦屋根がそれまでの武家屋敷では珍しくなかったというぜ。それが大火この方は牡蠣殻葺《かきがらぶ》きが御公儀の御奨励さ。長屋は板葺に泥を塗ってな。

と書いている。

このように、江戸の屋根に蠣殻が置かれていたことは、ある程度は知られているようだが、それではこの蠣殻葺きがいつごろ始まって、どの程度普及し、そしていつごろまで使われたのかについては、私が調べたり知人にきいたかぎりでは、ほとんど追求されていないようだ。大体、蠣

の殻を屋根に葺いた姿など、あまり美しいとも思えないから、その移りかわりなどを調べる意欲がわかないのかもしれない。

ここでは、この蠣殻屋根が江戸でいつ始まり、どの程度普及し、そしてそれがいつ頃まで行われていたのかを、種々の史料を使って見てゆきたい。

まず、私が蠣殻屋根に興味を持つきっかけとなったこの川柳《せんりゆう》から見てゆこう。

江戸ならば蠣殻山と喜撰よみ　（『誹風柳多留《はいふうやなぎだる》』一四〇編、天保六年〈一八三五〉）

これが『百人一首』の喜撰《きせん》法師の歌、

わか菴はみやこの辰巳然《しか》そ住む　世をうし山とひとはいふなり

（私の庵《いおり》はみやこの辰巳―東南―の宇治にあって、このように静かに暮らしている。しかし人は、私が世を憂きものとして宇治〔憂し〕山に住んでいるという。）

を踏《ふ》んでいることは言うまでもなかろう。

この句の解釈としては二つが考えられる。

一つは、深川あたりでは、牡蠣などの貝類が多く採れ、これをむきみにして江戸の市内を売り歩いたことから、蠣殻の山があちこちに築かれていた情景とするものである。

深川に貝殻が多く見られた光景としては、

深川へくるとなし地の地めんなり　（『川柳評万句合』安永七年九月五日開キ）

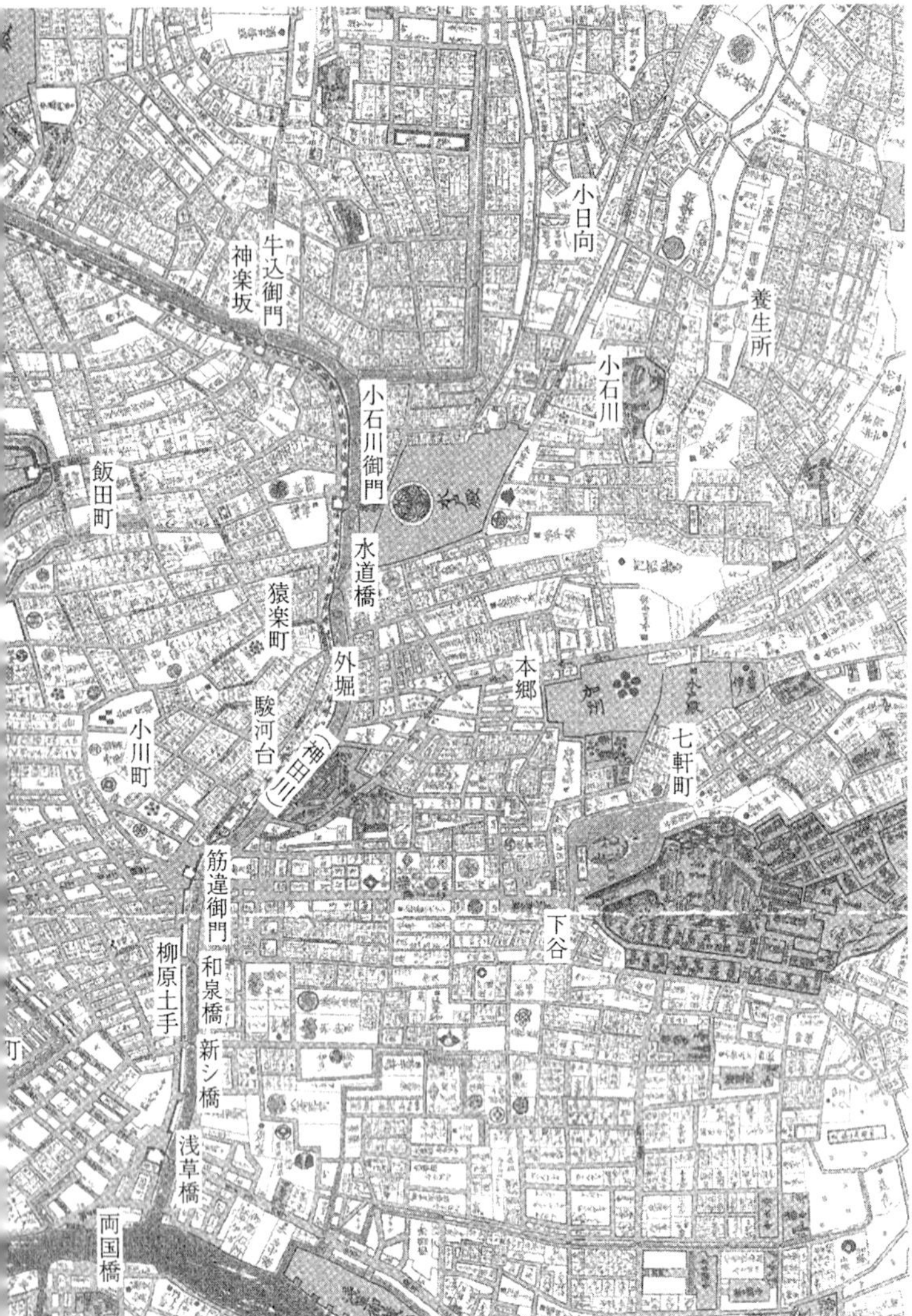

図1　千代田城と内堀・外堀（右側が北、地図は文政年間のもの）

の句がある（梨地《なしじ》とは、黒漆のなかに金銀色などの粉をまいた蒔絵《まきえ》のことで、深川では黒っぽい砂のなかに白い貝殻片が多く含まれていることを表現したもの）。

菊岡沾涼《せんりょう》が享保年間（一七一六—三六）に著した、江戸の地誌である『江戸砂子《えどすなご》』にも、

深川蛤　佃沖・弁天沖秋の末より冬に至る、貝こまかにしてすぐれて大きなるは稀也

深川蠣　深川沖にて取る。名産なり。

（「江府名産」の項）

とあり、深川では貝類がたくさん採れたことがわかる。

もっとも、大川（隅田川）をわたって深川にゆくまでもなく、日本橋でも隅田川に近い所に、今でも「蠣殻町」の地名が残っているように、江戸は牡蠣をはじめとする貝類がたくさん採れたところであった。

もう一つの解釈は、喜撰法師の歌の「わか菴」にこだわった解釈である。

みやこの東南にあった庵が「うじ山」であれば、江戸ではわが庵は「蠣殻山」であると解釈する。つまり、私の住みかが蠣殻山だというものである。住みかが蠣殻山であるということは、家の屋根が蠣殻で葺かれているということを意味しよう。

蠣殻で屋根を葺くというのは、異様な感をもたれるかたが多いだろうが、江戸時代には一時この蠣殻屋根が幕府によっておおいに推奨された時期があった。それは、八代将軍徳川吉宗のときである。

しかし、私たちの漠然とした認識は、お城をはじめとして武家屋敷、表店の商家は瓦葺き、裏《うら》店《だな》のいわゆる「九尺二間」などは板葺きで、石や薪《たきぎ》、さらには明樽《あきだる》などをのせて「卦算《けいさん》─おもり」にしていたというものではあるまいか。

もちろん、特に享保五年（一七二〇）の「瓦葺き推奨」以後、江戸の町でさまざまな施策が行われたことはよく知られている。古くは大熊喜邦さんの江戸時代の住宅に関する法令の研究で触れられているし、また大石慎三郎さんなども、大岡越前守《えちぜんのかみ》と町方《まちかた》のやりとりを紹介されている。

しかし、一見して異様ともみえる蠣殻屋根が、どのようにして採用され、普及したかについては、あまり触れられていないようであるし、例えば江戸末期に喜田川守貞が記した『守貞謾稿《もりさだまんこう》』（『近世風俗志』）などでも、享保時代の過去の一時期のこととしてとらえている節がある。

もし蠣殻屋根が江戸の小家の一般的なありさまであるならば、その景観は私たちが想像しているものと大きく異なったものとなる。実際はどのようなものであったのか、いくつかの記録をしるべに考えてみたい。

家屋・屋根に対する幕府の考え方

蠣殻《かきがら》屋根自体を考える前に、まず幕府の家屋・屋根に対する考え方を知っておく必要があろう。それは、なぜ蠣殻などという見栄《みばえ》の悪い（と私は思うのだが）ものを屋根に載せるにいたったのかというわけを理解しなければならないからである。

屋根についてよく知られている幕府の指示は、明暦三年（一六五七）正月の大火《たいか》のあとの、瓦葺きの家屋は、今後国持大名といえどもこれを停止する、ただし土蔵は除く。の触れであり、また、この方針を百八十度転換した、享保五年（一七二〇）四月の、

町中の普請《ふしん》で、土蔵作り或《あるい》は塗家　并《ならびに》瓦屋根にする事は、これ迄《まで》は遠慮していたようだが、今後は「勝手次第」に行なってよい。

と土蔵作り・塗家・瓦屋根を命じた触れだろう。

明暦の触れは、贅沢《ぜいたく》禁止の意味をこめたものであろうし、享保の触れは、たび重なる火災に困りはてた幕府が、倹約の精神論から実質的な防火対策に本格的にのりだしたものといえよう（町火消しもその大きな柱であった）。江戸の市街の拡大と、頻発する火災は、もはや「倹約」といった精神主義では収拾のつかないほどになっていたに違いない。

さて、よく知られている触れは以上の二つだが、明暦三年の瓦葺き禁止令のしばらくあとに、防火上、板葺き・茅藁《かやわら》葺《ぶ》きではまずいということで、何度かにわたり触れが出される。このうちの一つ、万治三年（一六六〇）二月の触れをしめせば、

この春焼けた町は、茅葺き藁葺きはいうにおよばず、柿《こけら》葺《ぶ》き（板葺き）も土でぬりなさい。もちろん蠣殻葺きでも、芝でも「勝手次第」に葺きなさい。

というもので、さらにその翌年には、前年の指示を徹底するように求めている。この万治三年の触れで初めて「かきがら」が出てくることに注目すると同時に、蠣殻が、芝や土と同列の、被覆材料の一例としてあげられている点に留意したい。

その後しばらくは、残された触書きに、このような指示は見られないが、享保五年に至り、徳川吉宗―大岡越前守の一連の施策の中で、防火の対策が大きくとりあげられることになる。

防火建築に関する幕府の指示は、町方・直参《じきさん》・大名家それぞれ別に出されることもあるし、「武士屋敷町屋」といった具合に、共通の触れとして出ることもある。以下便宜的に町方・直

参・大名の順に見てゆくことにするが、一部重複することもあることをお断りしておく。

町名主と大岡越前守の「かけひき」

享保五年四月の触れに「塗家《ぬりや》・瓦屋根」という言葉が出てくるが、この年この触れが出される前に、町奉行（大岡越前守）と町名主とのあいだで、丁々発止《ちょうちょうはっし》のやりとりが行われている。

まず二月十七日に、「町では瓦葺きにしたい向きもあろうがどうか？」と諮問が出される。これに対して名主側は、「町々困窮して、とても瓦を葺くどころではありません」と町奉行の打診に「勘弁してくれ」と答えている。

また二月ほどあとの四月十日には、今度は「塗家にしてはどうか」と提案する。

これに対して次の日、「今の家の作りでは、土を（屋根に）載せるのは、たいへん心もとなく、また、土を塗っても、大雨が降れば流れ落ちてしまいます」と、現状では不可能なことを訴える。

これに対して、大岡越前守は、「それでは、土一寸程の厚さならよかろう」と、再提案するが、名主たちは「土の質が悪い。家が丈夫でなく、土を置けば戸が開かなくなる。雨降りの時は土が流れ落ち、出入りがままならない」などの理由をあげて、「今すぐというのはとても無理ですので、これから追々建てる家については、仰せの通り致しますので、どうぞ永い目で見てください」と早急な対応は困難であることを申し立てている。

享保五年四月の「土蔵作り・塗家・瓦屋根」について「勝手次第」の触れはこのようなやりとと

りを経て、さらに三月の、箔屋《はくや》町から通町《とおり》・日本橋・伝馬《てんま》町・馬喰《ばくろ》町・神田・上野・箕輪《みのわ》などをなめつくした火災の後に出されたわけである。

さて、享保五年四月には「勝手次第」であったものが、そこはそれ段々と「強制的」なものになってゆくのは、当然のなりゆきというものだろう。

だいぶ後の明和四年（一七六七）二月に、田所町・村松町・平松町などの名主が町年寄《まちどしより》の喜多村家によばれて、町のようすを内々にたずねられている。それに対して「享保七寅年より追々土蔵塗家瓦葺被仰付《おおせつけられ》候」とあるから、「勝手次第」から二年後には、半強制的なものになっていったことがわかる。

享保八年六月には、町年寄の樽屋藤左衛門を通じて、町々の名主に、「筋違《すじかい》橋御門より柳原土手之内通、浅草橋御門両国橋を限り、永代橋際北新堀町小網町川を限り、江戸橋迄の町々は、川筋を限り残らず当卯年より来巳年迄三ヶ年之内に屋根土塗にせよ」との指示が出される。さらに朱書で、「右筋違橋御門内神田は、通町より東方の町々残らずである。通町より西の方は去寅年十二月廿三日に達したところだ」とあるから、享保七年から八年にかけて、日本橋を中心として東は大川（隅田川）まで、北は外堀までの広い範囲の町家が塗家を命じられていることがわかる。そしてこの指示は、もしできない時には、場合によって屋敷をとり上げるといった強い調子のものであった。

これらの触れは、享保六年冬の一連の火災の後の普請に対するものと思われる。

しかしこの幕府の指示については、かなり紛糾したらしく、同九月には「蠣殻屋根の件については、樽屋藤左衛門殿まで相願えば、御伺の上、願のとおり仰付られる」とある。これを見ると、屋根土塗りについての奉行所と名主のさまざまなやりとりの中で、万治三年に出てきた「蠣殻」が再びとりあげられ、土塗屋根の代用案として、うかびあがってきたことがうかがえよう。

蠣殻屋根の公認

これに関連して町名主側が出した「証文」には、

町内には塗家土蔵造にしたくても、困窮のため叶わない者が多い。このため、従来からある家を少々修復し、板屋根の上に蠣殻を厚く葺くことで許していただきまことに有難い。

とあって、難交渉の末、実現可能な方法が認められた喜びをあらわしている。

ここで蠣殻が、江戸において、瓦屋根あるいは塗家の代用品として、幕府に制式に認められたことになるわけである。そしてこれ以後、蠣殻屋根が、武家・町方を問わず（あくまでも瓦の代用品としてではあるものの）広く江戸の街中に普及してゆくようだ。

ただ上の証文を見ると、単に蠣殻を葺くだけでよいように見えるが、幕府の方針も揺れていたようで、当面蠣殻葺きでよしとしたとしても、基本的には屋根に土を塗るべきとしていたものらしい。

これをよく示しているのが六年後の享保十四年十一月の触れである。

麹《こうじ》町には去る未年土蔵造塗家に申付けた。今度見分したところ、茅葺藁葺杉皮葺等の小屋がまだあり、蠣殻屋根の分は過半下地を塗らず、直に蠣殻ばかり差置仕方、不届千万である。よって茅葺藁小屋杉皮葺の分は取払わせ、その跡普請する時は土蔵造塗家に申付ける。また蠣殻屋根の分は、来る戌《いぬ》三月中迄に下地惣塗家作にし、屋根については、土留迄に蠣殻を差置く分は勝手次第に申付ける。

として、「麹町名主共」は申付けが達成できていないため、「押込申付」るなど、かなり強い調子で叱責しているのである。

そして、この触れを見るかぎりでは、蠣殻は、防火の目的ではなく、土留め（雨水で土が流れ落ちないため）の役割を与えられているにすぎないのである。

直参と「拝借金」

町方に対して、享保七年以降、瓦葺きの奨励（強制）が進められたのと並行して、旗本・御家人に対しては瓦葺きの、「拝借金」つきの奨励策を強力におしすすめることになる。

『御触書寛保集成』に見られる最初の「瓦葺き」に関する触れは、享保八年十二月のもので、市ケ谷御門の内、番町筋で類焼した屋敷に対して、家作を小さくすると同時に、「軽キ瓦葺」を申し付けている。そして、瓦葺き屋敷の普請費用として、十年賦の「拝借金」を支給する。ちなみに、「軽キ瓦」は江州《ごうしゅう》（近江）の西村半兵衛が発明したといわれる「桟瓦《さんがわら》」であろう（後述）。拝借金の額は、五拾《じゅう》石から九拾石の家に対し「金拾四両」、以下石高《こくだか》が増すにしたがい増額して、五千石から九千石では「金四百両」である（この額は、瓦葺き奨励のための拝借金が廃止される延享三年〈一七四六〉まで変わらない）。

さらに幕府は、この地区で類焼にあわなかった諸家に対しても、

其方共屋敷焼失は不致候得共《いたさずそうらえども》、軽キ瓦葺ニ申付、火除ニ成候様ニ可致《いたすべく》候、

と、やはり「軽キ瓦」を葺くよう申し付けて、上と同額の拝借金を用意している。

さて、以上は「市ケ谷御門之内」（外堀より内）であったが、今度は外堀の外側を見てみよう。享保十年三月に、「四谷御門外辺から牛込御門外辺で今度家作の場合、板葺きや茅葺きは無用にし、塗家か蠣殻葺にするよう」指示している。

御門の外は家禄の低い家も多いようで、三拾俵以下で三両から始まるが、五千石から九千石で蠣殻葺きの場合は金百五拾両で、瓦葺の金四百両の半分以下の拝借金となっている。ただし、この地域でも、なるべく瓦葺きにするようにといっており、瓦葺きが幕府のめざすものであり、蠣殻葺きはあくまでも代用策であったことがうかがわれるのである。

幕府の「防火建築計画」は着々と進められ、享保十二年三月には、水道橋外・小石川辺・小日向筋（外堀の外）の直参の面々に対して、なるべくは瓦葺きが望ましいが、それが難しい場合

「念入候蠣殻屋根」にするよう申し付けている。

また同じ三月には、番町・糀町《こうじまち》・元山王・永田町・小川町・猿楽町《さるがくちょう》・駿河町・飯田町あたりの屋敷に対して、「向後藁葺等ニしてはならない」とし、小川町・猿楽町辺の直参に「軽き瓦葺」を命じて、やはり最高四百両の拝借金を仰付けているのである。

外堀の内と外

このように見てくれば、幕府の「防火建築」の基本的な方針は、外堀の内側については瓦葺きを原則とし、外側についても瓦葺きが望ましいものの、蠣殻葺きでの代用を認めたものであったことがわかる。さらに、火災の多発する冬に吹く、北―北西の風を配慮して、少なくとも残された触れから見るかぎりは、江戸市街の北西部や北部の宅地に重点をおいたものであることがうかがわれるのである。

そして例えば、享保十五年正月、下谷《したや》七軒町から出火した火災の後、外堀の外であるにもかかわらず「居宅長屋等小住居ニ致し、瓦葺ニ申付」など、「防災重点地区」については積極的に瓦葺政策をおしすすめているようである。

ただ費用の関係もあり、原則的には「外堀内―瓦、外堀外―蠣殻」だったようで、享保十七年三月二十八日の、牛込御門内外の火災のあとの触れでも、内側は瓦葺き、外側は蠣殻葺きを指示している。

この施策は延享三年（一七四六）の三月まで続くが、当初の目的をほぼ達したとしたのか、同年五月には、今後拝借金は行わないとの触れが出され、以後、瓦葺きと蠣殻葺きを目的とした拝借金は行われてないようだ。

西之丸下・大名小路の蠣殻葺き

元文五年（一七四〇）五月、松平土佐守（土佐高知藩）、細川越中守（肥後熊本藩）、松平阿波守（阿波徳島藩）、酒井雅楽頭《うたのかみ》（上野厩《うまや》橋藩、寛延二年播磨姫路に移封）、堀田相模守（出羽山形藩、延享三年下総佐倉に移封）、阿部伊勢守（備後福山藩）など、三十二家の大名家などに対して、「以前家作を瓦葺き等にした面々の屋敷で、蠣殻葺きにしている部分がある。これまで蠣殻葺きにしていた場所も全て瓦葺きにせよ」という指示が出される。この諸家については氏と官位しか記されていないので、全てを特定するのが困難であるが、西之丸下・大名小路に上屋敷をかまえる大名家が多いようだ。

これを六、七年遡る享保十八、九年には、上記の触れに見える諸家の一部や大岡越前守の役宅などについて、「一、二年のうちに残らず瓦葺きにせよ」という指示が出されている。

千代田城にもっとも接するこの場所（触れにあがっている諸家の屋敷がすべて、この場所にあると断言はできないものの）で、町家や直参の居住地区よりもかなり後に瓦葺きの指示が出されているのは不審であるが、もともと屋敷のかなりの部分が瓦葺きで、附属施設などについての指示と考えるべきであろうか。

それにしても、町方に対する瓦葺奨励の旗振りであった大岡越前守の役宅までもが、少なくて

表1　蠣殻屋根関係年表

和暦(西暦)	事　項　・　典　拠
明暦3年(1657)	瓦葺き禁止
万治3年(1660)	板葺き屋根は蠣殻・芝・土などで覆うこと
享保5年(1720)	瓦葺き推奨
享保8年(1723)	蠣殻を瓦の代用として認める
同　　年	直参に対し瓦葺き・蠣殻葺きに対する拝借金制度始まる
享保末年(1735)頃	「昔は江戸中に、蠣がら葺四五軒ならでは見へざりしが、近年大形蠣がら葺に成、……近年番町不残かわらぶきに成」(財津種莢『むかしむかし物語』)
元文5年(1740)	大名小路・西之丸下の屋敷をすべて瓦葺きにするよう通達
延享3年(1746)	瓦・蠣殻屋根のための拝借金制度終わる
寛延3年(1750)頃	「江戸の端々は、武家町家とも、多く蠣屋根にて」(小川顕道『塵塚談』)
明和元年(1764)	「かきから屋茶とうして置雨あがり」(『川柳評万句合』)
明和9年(1772)	瓦葺蠣殻葺之場所々其通ニ家作いたし可申
寛政12年(1800)頃	「養生所惣屋根など、……蠣屋根にてありしなり」(小川顕道『塵塚談』)
天保4年(1833)	「庵の屋根鮑さだおか蠣よけん」(『誹風柳多留』一二七編)
天保6年(1835)	「江戸ならば蠣殻山と喜撰よみ」(『誹風柳多留』一四〇編)
天保13年(1842)	触れの中で蠣殻について触れず

も一部が蠣殻葺きを残していたということになる。

蠣殻葺き・瓦葺きのその後

明和九年（一七七二）六月の触れに「瓦葺蠣殻葺等場所々御定被仰出候処《おおせいだされそうろうところ》」で粗末なところもあったため今度の大火となった。今後は「瓦葺蠣殻葺之場所々其通ニ家作いたし可申《もうすべし》」とし、今後「曲輪内」は折々検分のものを遣わすので、十分に点検・修理を行うようにと、町家・武家双方に注意をうながしている。

ここに見える「曲輪内」は、外堀の内側という意味だろうから、特に従来から瓦葺きを指示した区域については、強く防火対策を求めていると同時に、この時期でも、蠣殻葺きが幕府の「制式」に認めた屋根材の一つであったことがわかる。

『御触書集成』で「蠣殻葺」が見えるのはこの触れを最後とするようだ。

ただ、家作を瓦葺きにせよという指示は、寛政年間（一七八九—一八〇一）まで見え、例えば寛政四年（一七九二）には「今度類焼之跡」は小住居にし、「瓦葺之儀は是迄通ニ相心得……平瓦にてもさん瓦にても」とある。

このあたりで、定められたところは瓦葺き（あるいは蠣殻葺き?）にすることがあたりまえという状況になってきたのか、寛政年間以降しばらくは、特に屋根の材料についての指示は見られないようだ。

随筆などに見る蠣殻屋根

冒頭に、喜撰法師の句をふまえた川柳を紹介した。ほかにも蠣殻屋根を推定させるものはいくつかあるが、ここで蠣殻屋根が相当に普及していたことをうかがわせるものをもう一句紹介したい。

かきから屋茶とうして置《おく》雨あがり　（『川柳評万句合』明和元年十月十五日開《キ》）

雨上がりに蠣殻屋が茶湯（お茶の準備）をしておくという意味だろう。お茶の準備をするということは、数多くの来客が予想されることである。つまり、雨によって蠣殻が屋根からずり落ち、その修理の依頼客が「かきがら屋」にたくさん来るだろうというわけである。だから享保八年九月に幕府によって「制式に」蠣殻葺きがみとめられた時から、四十年以上たった明和元年（一七六四）でも、蠣殻屋（このような職種が独立してあったのか、あるいは屋根屋の一部門として行われたのかは別として）が職業としてなりたっていたほど、蠣殻屋根が普及していたことがわかるのである。

『徳川実記』（これは徳川歴代将軍家の記録を総称して呼ぶもので、当時このような名称はなかった）のうち、『有徳院殿御実記』（吉宗）元文五年五月十一日の項に、

先年火防のためにつくりし蠣殻葺の屋舎。年を経修理とゞかざれば。火防になりがたきにより。来年中までに。残なく瓦屋となすべき命ぜらるゝ大名三十二人。

とある。この記事はさきに触れた、大名小路内の大名などに対する、蠣殻葺きを瓦葺きに改める

ようにという触れと対応する（人数も一致している）ものであるが、「蠣殻葺の屋舎が年をへて修理がとどかない」という言葉からも、これが容易に落下しやすく、常に修理をくり返さねばならぬものだったことが分るのである。

さて、財津種莢（寛保二年〈一七四二〉に九二歳で死去）が享保末年頃に記した『むかしむかし物語』（『八十翁疇昔話』）に、

昔は江戸中に、蠣がら葺四五軒ならでは見へざりしが、近年大形《おおかた》蠣がら葺に成、（中略）昔は番町其外にも、大名の外瓦葺は小身には無之《これなく》、近年番町不残《のこらず》かわらぶきに成り、火の用心よろし、

とあるから、享保五年の触れのあとから、瓦に替わる蠣殻が随分普及したようだ。また、番町など外堀の内側は、瓦葺きの普及が相当進んでいたことがわかる。

さらに、小石川養生所の医師であった小川顕道の『塵塚談《ちりづかだん》』（文化十一年）に、

われら二歳頃（顕道は元文二年〈一七三七〉生れ）までは、江戸の端々は、武家町家とも、多く蠣屋根にてありしなり。白山殿周辺、御家人の家は、みなこけら葺にて蠣屋根なり。月役というて長さ一間に幅一寸四五分のわり木をのじにし、それより板にて葺く、そのうえに、蠣を敷きならべることとなり。養生所惣屋根など、十四五年以前までは蠣屋根にてありしなり。

とある。二歳の時の記憶があるはずはないから、親などからの聞き書きであろうが、元文四、五

年までは江戸の周辺部は、武家・町家は多く蠣殻葺きであったという。

外堀の外側は、瓦の代用品としての蠣殻葺きが、武家であっても認められており、享保から元文年間（一七一六―四一）は、防火建築がさかんにすすめられた時期であるから、多くが蠣殻屋根という景観であったのだろう。ただここでは、板で屋根を葺いて、その上にかきを「敷きならべる」といっており、下地に土を塗ってはいないようだ。

この地域は享保十二年の触れで、なるべく瓦屋根にするようにという指示があった所で、「瓦屋根に難成《なりがたき》所々は、念入候蠣殻屋根」にするよう申し付けられている。にもかかわらず、幕府の建物である養生所が「十四五年以前」、つまり寛政末から享和頃まで蠣殻屋根（しかも、文の流れから下地なしと見てよいだろう）であったことは注目されよう。

二歳の頃まで多く蠣殻屋根だったものが、その後どう変化したのか、ここでは書かれていない。常識的には次第に瓦屋根に替わっていったとすべきなのだろうが、武家の困窮の度が、時の経過とともに極まっていったとすれば、瓦屋根と柿屋根に二極化していったと考えられなくもない。

また、吉原など花街《かがい》の様子を描いた洒落本《しゃれ》にも、いくつか蠣殻屋根がでてくる。

四季山人＝式亭三馬《しきていさんば》の『辰巳婦言《たつみふげん》後編船頭深話』（文化三年頃）に、

彼方《かしこ》に連牆《のきならび》の牡蠣殻は、廊下に束《つか》ねたる紙屑を思ひ……

とある。これは深川の岡場所（非公認の花街）の光景をあらわしたものであるが、文化三年（一八〇六）頃であっても、（少なくとも）深川では、蠣殻屋根が「軒並び」であったことを推測させるものであろう。

また、同じく式亭三馬の『潮来婦志《いたこぶし》』（文化三年）には、

アノアレ蠣殻の家根が引手茶屋で。川岸に門のある家が女郎屋と見える。
中宿の蠣殻家根。洒落たる風土の監識《めじるし》なるべし。

とある。これは江戸ではなく、水郷潮来の様子であるが、このような場所であっても、蠣殻屋根が用いられていたらしい。

古くは、近松門左衛門の浄瑠璃《じようるり》『大職冠《たいしよかん》』にも、

和布刈《わかめがり》の戸次は。此浦の蠣殻屋根も福々と。

とあって、蠣殻屋根が江戸のみならず、各地で古くから葺かれていたことがわかるのである。

『守貞謾稿』と蠣殻屋根

それでは、江戸学の聖典と呼ばれている（？）『守貞謾稿』では、江戸の屋根についてどのように書かれているのであろうか。

今世、江戸民屋の制、あるひは二階家、あるひは中二階と号して二階あれど低き家、あるひは平屋と号して無二階の低き家、あるひは瓦葺、あるひは柿葺等さらに一定ならず。また茅葺禁止の古制、（中略）市中茅葺されにこれなしといへども、市端俗に云ふ場末に至りては往々これあり。（中略）

また板葺多し。屋根板と号して、長尺ばかり幅不同の杉の麁扮板を重ねかけ、木釘をもつて打ち付くる。これをこけら葺と云ふ。京坂に云ふ叩き屋根なり。平屋など特に柿葺多し。

と、瓦葺き・板葺きが多く、周辺部では茅葺きが間々見えるとして、蠣殻葺きについてはまったく触れていない。

もっとも、江戸の家作の歴史を述べる中で、

『衣食〔住記〕』また曰く、小屋敷町家などは蠣殻を屋根へあげ、軒に見留と板にて打つ。また『昔々物語』に云ふ、昔は江戸に蠣殻葺は四五軒ならでは見へず。近年は大かた蠣殻葺なり、と云ひしも享保十七年なり。同書に、なほも火の用心に瓦葺となり、塗家造りに替はれり、云々。また『昔物語』と云ふものの、文化十一年の記、時に七十八歳小川某とありて、我ら二十歳頃までは、江戸の端々武家町屋ともに、多くは蠣屋根にてありしなり。また月役と云ひて、長さ一間に幅一寸四、五分の割木をのじにし、それより板にて葺き、その上に蠣殻をしきならべるなり。

とあり、享保頃の話として「蠣殻屋根」を紹介している。さらに、

蠣殻屋根、宝暦中まで江戸端町には専らありしとなり。

と書いているから、蠣殻屋根は江戸の隅の方に、十八世紀中頃まで残っていたのだろうという認識のようだ。

また、安政以後の若山藩士の江戸見聞録である『江戸自慢』では、

瓦をふくも僅に端の方ならで土を不用《もちいず》、蹴れハ瓦ハ悉く落るなり、（中略）瓦の価ハ若山ニ三倍すれバ、大名屋敷も長屋、玄関のみ京物を用ひ、其外御殿向も捻り返しなり、小禄の士、貧なる旗本の屋敷、又裏屋は招き屋根にて瓦なし、

とある。「招き屋根」がいま一つわからないが、この場合板屋根以外考えられないので、「捻り返し」すなわち桟瓦と板屋根が、江戸の屋根の一般的な姿であったことがわかるのである。

記録マニアの喜田川守貞が、もし蠣殻屋根をみつけたとしたら、これを書き洩らさないはずであるし、若山藩士は江戸の「アラ」を探すことに快感を感じていたようだから、もし異様な「蠣殻」屋根を見れば、これをあげつらわぬはずがない。

これらを見ると、天保六年板行の『誹風柳多留《はいふうやなぎだる》』にのった頭初の句と、明らかに矛盾している。何故か？

『守貞謾稿』の冒頭に、

余、文化七年庚午六月、浪華《なにわ》に生る。天保十一年庚子九月、東武に来る。

とある。はなはだ弱い理由ではあろうが、私は『柳多留』の天保六年と、守貞が江戸に出てきた天保十一年、この五年の差にしか解答を見出せない。

享保年間にくりひろげられた「防火建築」運動の一端を担った蠣殻屋根は、外堀の外側を中心

に、大いに普及する。それは『むかしむかし物語』や『塵塚談』を見ても明らかだろうし、以後も明和九年には「瓦葺蠣殻葺之場所々其通ニ家作いたし可申候《もうすべく》」とあり、瓦葺き・蠣殻葺きの「指定地域」が、少なくともこの時期まであったことがわかる。さらに文化十一年より十四、五年前までは、小石川養生所といった、幕府の建物までが蠣殻葺きであったのだから、まだまだ、蠣殻葺きの割合は多かったにちがいない。

それが、守貞が江戸に出てきた天保十一年頃には、普通にはほとんど見かけることのないものになっていたようで、それはさらに後の『江戸自慢』にも踏襲《とうしゅう》されている。とすれば、天保期の初めごろが、蠣殻屋根の残照がわずかに残っていた時代といえるのだろうか。天保十四年に書かれた、志賀理斎の『三省録』に、

今にてはかきがらぶき抔《など》はなし、田舎には軒ひさしには、かきがら、あわび貝などを載せたるもあり、

とあるのも、この間の事情を物語っているのかもしれない。

しかしそうだとしても蠣殻は、享保八年以来（もちろんそれ以前も屋根材として一部に用いられてはいよう）、百年以上にわたって江戸の屋根を「飾って」いたのである。

それでは、いささかなりとも防火に貢献したであろう蠣殻が、なぜ使われなくなったのか？　見栄の悪さの割りに防火効果が少なかったのか？　いかに蠣殻とはいえ、葺く費用に江戸の人々

が耐えられなくなったのか？

『守貞謾稿』に、

天保三年（同書の巻頭には「天保十一年」とある）初めて中山道より出府し、板橋駅を通りし時、当駅の遊女屋ども皆茅葺なるを、（中略）近年これを見れば皆立派の瓦葺となり、（中略）わづか二十余年にてかくも美麗に移れるものかと驚かる。

天保末の府命に、以後火災ありて後家宅を建つる者、皆必ず瓦を用ひ塗家に造るべき官命ありて、当時これを用ひて諸所に瓦葺、庇《ひさし》上を塗り籠めたるもありしが、今は廃《すた》れて新造《しんぞう》の宅もこれを用ひず。

とある。江戸四宿の一つである板橋宿がそのような状況であったとすれば、天保期の後半から、弘化・嘉永年間（一八四四―五四）にかけて、江戸の「瓦葺」が一時《いっとき》、急速に進んだものだろう。そしてすぐに、元にもどったとあるから、このときの（瓦葺きでない）屋根には板葺きが採用され、蠣殻葺きの屋根が復活することはなかったのだろう。そして今、私たちの頭に浮かぶような、瓦と板葺きの江戸の景観ができたのだろうか？

しかし、なぜ、いささかなりとも防火に役立とうと採用された蠣殻屋根が捨てられたのか、その理由《わけ》について今、私は語る史料をもっていない。

ここで、冒頭の喜撰法師の歌を踏んだ句に関連して、その二年前の天保四年に見える、

風雅の蠣殻屋根？

庵の屋根鮑《あわび》さだおか蠣よけん　（『誹風柳多留』一二七編八五）

の句について触れてみたい（さだおかは栄螺《さざえ》のこと）。

この句について、大曲駒村さんは『川柳大辞典』で、催馬楽《さいばら》の「我家《わいへん》」という曲の、

大君来ませ聟にせん、御肴に何よけん、あはび、さだえか、かぜよけん

という部分を踏んだものとされている。この句を正確に解釈することは私にはできないが、屋根に、鮑や栄螺、蠣を葺いたらしいことはわかる。

そして冒頭の句にしても、この句でも、家を「庵」と表現していることから、天保年間には一般の住居ではすたれた蠣殻屋根も、隠居所や茶室など風雅を求めたい建物に、以前使われていた蠣殻が、意識的に使われた場合もあったと考えられはしないだろうか。

ちなみに、加賀藩の支藩である大聖寺藩（十万石）江戸屋敷の発掘では、天保期の生活面から四阿《あずまや》かとも考えられる小さな建物がみつかっている。その周囲から大量の蠣殻と小量の瓦、さらに蠣殻や瓦に付着した漆喰や瓦釘がみつかっている。これも風雅を求める建物に意識的に「蠣殻屋根」が葺かれた例ともいえよう。

とすれば、先に示した式亭三馬の『潮来婦志』で、蠣殻屋根のことを「洒落たる風土の監識な

るべし」といっている意味も理解できるのである。

絵画に見えない蠣殻屋根

もう一つの疑問は、数多く残されている江戸時代の絵画に、蠣殻屋根らしきものがほとんど見られないことである。私が確認したかぎりでは、明和九年の大火を描いた『目黒行人坂火災絵巻』にそれらしきものがあり、また浦部家本の『江戸図屏風《びょうぶ》』で「幾世餅《いくよもち》」を商う家の屋根がそれらしいほかは、みつけることができなかった。町触や随筆などで想像される普及率からすれば、絵画にもっと描かれていなければならないのだが、絵画で見られる屋根は、瓦葺きか板葺きがほとんどである。

この理由について私は、まったく解答をもっていないといわざるを得ない。

遺跡でみつからない蠣殻

さて、このように見てくれば、絵画に蠣殻屋根の図が少ないなどの疑問はあるものの、江戸の発掘では蠣殻屋根の痕跡が数多くみつからなければならない。ところが実際の発掘調査では、先にのべた大聖寺藩などごくわずかの例外をのぞいてこれがみつかっていないのである。なぜか？

これを明快に説明することは私にはできないが、いささかなりとも関係するかと思われる史料を見てみたい。

享保二十一年に、江戸の「蠣灰売方」を保護する触れがでている。

近年他国や近在から、蠣や蜆《しじみ》の灰を焼き出し、江戸へ持ち込んで商売をするものがある。

図２　蠣殻屋根　『目黒行人坂火災絵巻』（消防博物館所蔵）より

これは運上金を差し出している石灰業者や、江戸で焼蠣灰を売っている業者の妨げになるので、江戸町中でその荷物を一切引き受けてはいけない。

というもので、これ以後もこの触れは幾度も出されている。

この石灰や焼蠣・焼蜆は漆喰《しっくい》壁などの材料になるものである。

さて、この触れから、少なくとも二つのことがわかる。

一つは、江戸およびその周辺で、蠣（蠣殻）が十分に多く採れ、享保八年の屋根材としての「制式」採用に際しても、十分な供給量が確保されたろうということである。

もう一つが、江戸の発掘で、なぜ蠣殻屋根の痕跡がみつからないのかという訳の説

明である。宝暦六年（一七五六）十一月の町触に、

　今度焼失した町々で、焼灰焼瓦の類を往来へ差出している町々もあるが、往来の妨げになり不埒である。往来の妨げにならないよう、取り片付けなさい。

とある。江戸開府からしばらくは、火災のあとのかたづけも、周囲の窪地を埋め立てることによって済ませていたようだが、町並みが整い、人家が密集してくるとそれではすまなくなる。そこでこの時期にこの禁令が出されることになるわけだが、同じような禁令は以後の江戸の大火のあとしばしば出されている。

　取り片付けるといっても、江戸の交通や物資輸送の重要な手段であった堀や川に、「ゴミ」を捨てることは厳重に禁止されており、幕府の指定した越中島などのゴミ捨て場まで舟で運ばなければならなかった（当然自己負担である）。とすれば少しでもゴミの量を減らしたい。（ここから話がだいぶ飛躍するのだが）瓦にしろ蠣殻にしろ、屋根材は家屋の一番上にあるものである。であれば、火事で家が焼け落ちても、それらは焼土の一番上に散乱しているにちがいない。そして蠣殻は焼いて石灰とともに漆喰などに利用するものであるから、漆喰業者に火災のあとの表面をさらっていってもらえば、「ゴミ」量がいささかなりとも減るのではあるまいか。また、漆喰業者としても、すでに半焼けになっている蠣殻であれば、これを蠣灰にする手間がわずかですむとは考えられないだろうか。

この「無謀な」推測でもしないことには、発掘で蠣殻屋根の痕跡がきわめて少ない理由を説明することができないと私には思えるのである。

さて、幕府が「火災のあとの瓦や焼土を取り片付けろ」といっても、大量に発生した火災ゴミの取りかたづけがいかに大変かは、阪神淡路大震災の例を見るまでもなく明らかである。そこで幕府は原則的には「全て撤去」としながらも、

もっとも、(道路へ)持ち出した灰瓦等、当分片付ける場所がない時は、往来の障害にならないよう、不陸《ふろく》(凸凹)をひきならし、追々取り片付けること。

と、やや現実的な指示もだしている(宝暦十年二月の町触)。

しかし、火災のあとの「不陸引ならし」が江戸の土地を次第にかさ上げしていったことは、私たちが発掘で常に目にしているところで、柴村盛方の『飛鳥川』に、

昔より近年は江戸の火事繁き様に思ふ。類焼の後往還道敷次第に築あげ、屋敷内も地形高

くなる。後には如何成行ぞ。

と指摘している通りである。

住まい——箸で作った江戸の小家

ここまで、「蠣殻屋根」というやや特殊な屋根材から、江戸の町並みを見てきたが、蠣殻屋根もふくめて、江戸の大多数の人々が住いした庶民の家はどのようなものだったのか見てみたい。

「箸で家建て、糞で壁ぬる」

幕末の紀州若山(和歌山)藩の家老の侍医であった原田某が、江戸の生活の覚えとして書いたものが藩内の一部で評判になったらしく、まわし読みされ、また書き写されていったらしい。その「写し」が『江戸自慢』という題名で今につたわっている。

これは若山から江戸にはじめて出てきて、国元との気候や暮らしぶりの違いを、印象が新鮮な時に書きとめたもので、両者の違いをいきいきと描写していて興味深いものである。

この中で、江戸の住まいについては、次のように印象を語っている。

家は至って粗末で、上方とは比較しようもない。壁土は汚く、泥にねばりがない。風雨にたえがたいので、壁の上を板張りにし、瓦をふくのもわずかに端の方にしか土を用いない。蹴れば瓦は皆落ちる。竈《かまど》はきれいな粘土を使っているが、価が高く、実に土一升銭一升である。

火事で焼けても、江戸の家十軒は上方の一軒とつりあう。箸で家建て、糞で壁ぬるとは、江戸小家の事である。

国元の和歌山とくらべ、ずいぶん馬鹿にされたものだが、どうも、大名や豪商の屋敷は別として、庶民の住居、あるいは大名屋敷の中でも、下級武士の住む長屋などは、このようにいわれても当然といえる程度の家であったらしい。

「九尺二間」という言葉は、江戸時代の庶民の住居の標準的な間取りとしてよく知られている。間口が約二・七メートル、奥行きが三・六メートルの、今風にいう「1K」をさらにせばめたような構造で、引き戸をあけて中にはいると、奥行き半間（約九〇センチ）ほどの土間で、その半分はヘッツイ（かまど）や水瓶《みずがめ》のある台所になっている。

奥の居間兼食堂兼仕事場兼客間兼寝室は四畳半ということになっている。押入れはなく、水道（井戸）、トイレなどは長屋全体の共同である。この1Kに独り者から夫婦者、さらに数人の子ども連れまで住んでいたのだから、今の私たちの感覚からすると、まことに狭苦しいかぎりである。

主人の書斎などもちろんないし、子ども部屋などとんでもないということで、プライバシーはどこをどうさがしても、無い。

まあ実際は、この「九尺二間」よりやや広い長屋もあったようであるが、基本的な構造はほとんどかわっていない。しかし、このような狭いところに住んでいたというのは、よく知られていることなのでまあいいとしよう。

問題は「箸で作った」というところである。

「蛬籠然たる粗造の家屋」

幕末から明治にかけて江戸堀江町に住んだ商人、鹿島万兵衛の著した『江戸の夕栄《ゆうばえ》』に、

江戸出火の原因は粗相《そそう》火も多いが、放火もまた甚だ多い。直接の付け火のほか、飛火に仮托《かこつけ》ての放火、蛬《きりぎりす》籠《かご》然たる粗造の家屋、板葺き屋根は冬季乾燥して火口《ほぐち》のごとく、蔀《しとみ》板《いた》もそり返ってよい焚付けとなり、常に火災の起きるのを待つようだ。

江戸の家屋は割合に粗造のものが多い。その故は、とかく江戸ッ子は借家住居を恥とし、商人は店の代呂物《しろもの》（商品）に入れる（使う）資本よりも、まず家を建てるを名誉とする。京大阪の商人とは正反対だ。火災保険などのない時代に、一年に二度または三度も類焼することが珍しくない上、それを我慢して借金しても家を建てるので、きりぎりす籠のような建物の多いのも当然だ。

と、キリギリスの籠という形容で、江戸の民家を表現している。

しかし、各地で復元されている裏長屋を見ると、狭いことは認めるとしても、箸で作ったという印象や、キリギリスの籠という感じは、私はどうみてもうけないのである。

ところが発掘でこの「箸の家」の疑問が氷解した。

江戸の柱は二寸角

大名の藩邸内の下級武士の住まいもやはり、九尺二間程度の家だったことはすでに述べたが、これが大火で焼け落ち、火事の後始末もそこそこに、埋められたものが発掘でみつかったのである。

この長屋は、基礎に石を置きその上に柱を建てる方法で、基礎の石がかたづけられずにそのまま残っていた。そのため、長屋の大きさや、一軒一軒の構造などがよくわかるもので、当時の建築の実際を知るうえで貴重なものだったのだが、その基礎の石の上に「箸でつくった」家の解答があったのである。

石は火事でも焼けない。しかし、火事の痕跡は石の表面に残る場合が多い。石に含まれている鉄分が酸化して表面が赤くなる、あるいは表面がぼろぼろになるなどの手がかりから、この石は火にあたっているかいないか判断できることが多い。そして一つの石でも直接火に当たった部分と、何かにおおわれていて、直接火にあたらなかった部分では、表面の変化の具合がことなることがある。

そして、基礎の石の上の面、つまり石が柱に触れる部分だけ、焼けかたが少なく柱の輪郭がくっきりと残ったものがみつかったのである。それをみると、この家の柱の太さは二寸（約六チセン）角であることがわかった。

今の木造の建売住宅では、柱の太さは三寸角が多いらしい。これでは強度が不足で、できれば四寸角（約一二チセン）はほしいという。この今の感覚からして、六チセン角の柱はいかにも細い。これが「箸で作った家」のことかと、妙に納得したものであった。

このみつかった家は、その間取りから見てもほぼ確実に平屋《ひらや》であったと思われる。平屋で屋根が板葺きであれば、二寸角の柱でも、十分に役にたったと考えられるのである。

ただし、江戸で用いられた材木が、おしなべて細かったというわけではない。上屋敷の中に作られた御殿などは、柱も太いものが使われていることはいうまでもないが、藩主の飼い馬を住まわす馬屋の柱で、六寸ちかい立派な柱が使われている例もある。

しかし、火災後の材木の値の高騰はいちじるしく、五代将軍徳川綱吉の死後、幕府に登用された新井白石も、

此ごろは、「檜の木方一寸（三チセン角）の重さをもて、金の重さにくらぶるに、其値は金に倍々せし」など申しき。（『折たく柴の記』）

と、嘆いているほどであった。

大名家の下級武士の住む長屋の柱が二寸角であれば、裏長屋の柱はもっと細かったにちがいない。白石の時代でも「其値は金に倍々せし」といっているぐらいだから（この表現はかなり誇張があるとしても）、火事の多かった江戸では時代が後になるにしたがって、特に庶民の住む裏長屋では、かろうじて屋根が乗る程度の柱しか使うことができなかったのであろう。

とすれば、享保の改革時に、塗家《ぬりや》を命じられた町家の名主が、「家が丈夫でなく、土を置けば戸が開かなくなる。雨降りのときは土が流れ落ち、出入りがままならない」と困惑した言葉が決して誇張でなく、事実をそのまま述べたものであることがわかるのである。

庶民の家は、基本的に江戸時代を通じて、常にこのようなものであったらしいが、大名屋敷や町中の表店《おもてだな》については、さらに瓦の問題がある。

贅沢禁止から火災防止へ

享保十五年（一七三〇）の火災の後には、大名の藩邸内の、藩士の長屋についても瓦葺きを命じている。それほど火災には悩まされていたということであろう。しかしこの時も、藩邸内の馬屋（藩主はよい馬を何十頭も飼っており、馬屋も、二十疋《ひき》建、三十疋建といった、馬の長屋が造られていた。また家臣の一部も藩邸内に拝領した屋敷、または長屋のわきに、馬屋を造っていた）については板葺きが認められており、瓦を葺くということは今の我々の感覚よりもずっと大変であったことがうかがわれるのである。

ただ、瓦の普及のための画期的な革新が、この時期に行われたことが、遅々として進まないながらも、その普及に大きな役割を果したことは見のがせないだろう。

「桟瓦」の発明

それは「桟瓦《さんがわら》」の発明である。

近頃は瓦以外の材料を使った洒落た屋根が主流で、瓦屋根を見ることがかえって珍しいほどになってしまったが、いま民家に普通に葺かれている瓦、これが桟瓦である。

これに対して、古い大きな寺院などで見られる、一見して重厚な感じのする瓦、これが古くから伝統的に使われてきた「本瓦葺き《ほんがわらぶ》」と呼ばれているものである。

伝統的な本瓦葺では（瓦の下に粘土を敷くとか、いろいろと準備はあるのだが、すべて省略して模式的に説明する）、まず最初に「平瓦」（両端がやや上に反りあがった、三〇㌢四方ほどの瓦）を屋根全体に敷きつめる。この際、雨水が漏らないように、屋根の勾配《こうばい》の方向に、上下の瓦を互いに半分ほど重ね合わせる。すると屋根の上に降った雨は、平瓦の中央の凹《くぼ》みをうまく流れる。しかし、いかに密着させたとしても、並べた瓦の左右のすき間はどうしても残り、そこから雨水がはいる。これを防ぐために、平瓦の継ぎ目に丸瓦を載せてゆくのである。

これで雨水の浸入は防げるが、平瓦を半分ずつほど重ねあわせ、さらにその上に丸瓦をのせるのだから、全体としてきわめて重くなる。

これに対して桟瓦は、平瓦のやや上に反りあがった両端のうち一方を、下に丸めこむ。こうすることによって、上下を互いに重ねると同時に、左右も雨の漏らないように重ね合わせることができることになる。

この発明によって、瓦の使用枚数をほぼ半分にすると同時に、重さが大幅に軽くなり、基礎や柱にかかる負担をずいぶん減らすことが可能となった。昔から瓦といえば寺院か宮殿だけで使うものであり、江戸に入っても、城や大名屋敷ぐらいにしか葺かれることはなかった。桟瓦の発明によってはじめて、民家でも使うことが可能になったのである。

実際、江戸を掘ってみても、この桟瓦がみつかることが多く、特に文化・文政以降では桟瓦の普及が著しく認められるのである。

板葺きの庶民の家

しかし、瓦が普及するといっても、それはあくまでも表通りであって、裏長屋についてみれば、幕末まで板葺きの粗末なものであったことは、先にあげた記録によっても明らかであろう。

火災の延焼を防ぐためには、瓦が有効であることはいうまでもない。しかし、建物の構造というのは、単に瓦（これだけでも十分に高価だろうが）だけの問題ではなく、それを支える基礎や柱まで互いに関係しあっている。

つまり、建物を瓦葺きにするためには、それなりに基礎をかため、柱を太くする必要があるということである。逆にいえば、瓦葺きのような重い屋根でなければ、しかも平屋であれば、さほど太い柱は必要としないだろうということである。

だから武家屋敷や表通りに面した商家は、桟瓦を使った防火建築であっても、火事が頻発した町中の裏長屋などの柱は、幕末にもなれば、本当にキリギリスの籠のような細い柱が使われたのかもしれない。

土蔵のような、屋根には瓦を葺き、壁は漆喰《しっくい》でかためたような建物であれば、たしかに防火の効果は十分にあったろう。しかし基本的に木造の、通常の住宅では、瓦を屋根に葺いたとしても、火の粉が上から舞いおりてくるぶんは防げても、家内からの出火、あるいは火がごく近くまで燃え広がってきた場合の防火効果は、さほど期待できないのではなかろうか。

基礎をしっかり作り、柱を太くし瓦を葺けば、比較的類焼しにくいものができよう。しかし、それによって（たぶん大幅に）増える建築費と防火効果、そして火災にあって再建する場合の費用をあわせて考えた場合、借家として貸しだす家については、「箸の家」のほうがよいという判断があったのではあるまいか。

借りる方にしても、火災で失うものはごく少なかったろう。家財道具一式をもって、うまく逃げおおせれば、借家人にとっては実害はほとんどないといえるし、また、火事のどさくさにあっても、持ち出せる家財しか持っていなかったというのが、江戸の庶民の実態だったのであろう。

その反面、失う財産の多い商家は、財産に応じた蔵を持って、火災に備えたし、蔵を作ることが経済的に、あるいは敷地の都合から不可能な場合には、地下に穴蔵をほって、万一の場合（江戸の場合には万一ではなく、千一あるいは百一ほどかもしれないが）に備えたのであろう。

この穴蔵は、江戸の市中の至るところに、さまざまな形や大きさのものが、それこそ無数に掘られているのである。

最低限必要なものは、なんとか避難させ、あとは天命を待つ、あるいはなりゆきまかせというのが、江戸の住民の哲学であったようだ。何ともその日ぐらしで、「人生設計」など皆無のようだが、それはそれで、けっこう毎日の生活を楽しんでいたのであろう。

若山の武士に馬鹿にされようが、家を木で建てるかぎり、いつかは火事にあう。また、土台は腐ってくる。人口の密集した大都市江戸に住む庶民たちにとって、もちろん大火災で多くの人命を失うことはあったとしても、この「箸で作った家」が意外と似合っていたのかもしれない。

どんぶりと割り箸

どんぶりとは何か？

滝沢馬琴の兄である羅文《らぶん》が天明年間（一七八一―八九）に書いた『俳諧古文庫』の中に次のような一文がある。

近世丼といふ器出て……

銘類

丼　鉢ノ銘

近世　丼《ドンブリ》といふ器出て、あまねくもてはやさる、□《セヲ》家諸州の高器にもあらず、貴となく賤となく、大用をなす、其かたち小なるは、一二三寸の丸みを取、高サ四五寸を過ず、大たるは独楽《こま》居《い》の摺り鉢に類し、底はほそみて、ひらきたる処尺にも足れり、其色其模様ともにさまざまありて、朝タには茶うけの饅頭を入られ、夕べには宴の滋味をかぞふ、又松魚《かつお》の三杯酢抔《など》入るゝ時は、北条どのゝ手料理も思ひ出らるゝよ、何により彼により、和談風雅の席にて

箸とらせ、口ぬらさせんとする時は、よくその場を取れる器、当時《ソノカミ》是を第一とせん、

これによれば、直径は一〇㌢未満から三〇㌢を越えるものまであって、色や模様はさまざまである。そして、底が細くて口が開いているのだから、朝顔の花や、ラッパのような形をしていたのだろう。そして、朝には饅頭をもり、夕べの宴では、カツオの三杯酢などさまざまな滋味が、この丼にもられており、今の私たちがどんぶりという言葉から思いうかべるものとは、用途・形ともに、ずいぶん異なっていることがわかる。

この一文を出発点にして、江戸時代に見られるどんぶりが、一体どのようなものであったかをいささかなりとも考えてみたい。というのは、今私たちが「どんぶり」という言葉で思いうかべるような器が、発掘調査でほとんどみつかっていないからである。

料亭または宴会の料理

江戸料理の有名店で現在まで続く八百善の四代目当主、栗山善四郎の書いた『江戸流行料理通』（文政五年〈一八二二〉）には、さまざまな料理の中に、「丼物の部」という項がある。第二編では、春夏秋冬それぞれの献立があるが、そのうち春の部を引いてみれば、

春　布目作りいか　白魚　へぎさざえ　割りまて貝
若蕗　卵衣てんぷら　新ごぼう　粒松露
銀杏さわさわ煮　菊若葉衣揚げ　笠松茸　つくし

大根おろし　　土佐煮　　蕗味噌和え
煮返し醤油

となっている。さらに第三編の「四季丼物の部」では、

篠むき独活《うど》　　たけのこの穂
賽形切り松露　　ちょろぎ
算木切り松茸　　仏手柑《ぶしゅかん》
木の芽和え　　からし和え
丸むきむかご　　碇《いかり》防風　　黄菊
篠むき蓮根　　もずく　　はじきぶどう
独活芽　　湯餅賽形切り　　おろし大根
ごま味噌和え　　大根みじん切り　　酢醤油
はじきぶどう
のり酢敷き

などの料理がもられたようである。

さらに、大田南畝《なんぽ》（蜀山人《しょくさんじん》）が『俗耳鼓吹《ぞくじこすい》』に記している料理の中にも、どんぶりにもられた料理が登場する。

天明元年（一七八一）十月十七日、南畝は小石川の布施胤致（狂歌の仲間で狂名山手白人、旗本）の家によばれ、もてなしを受ける。相客は万年氏（旗本）、江戸有数の料亭である望汰欄主人の祝阿弥、文竿（裕福な町人らしい）である。

そこで出された料理の中に次のようにある。

琉球　大丸盆　南京染付どんぶり　車ゑび　あはび塩もみ
　同断　どんぶり　鰯《いわし》ぬた　唐がらしみそ
　古渡南京染付平鉢　つくし　よめな　みつば　ごまけし
　　くるみせうゆ　古肥前小皿　銘々

この中に見えるどんぶりの中味も、一つが「車ゑび、あはび塩もみ」、一つが「鰯ぬた、唐がらしみそ」と、いま私たちが「どんぶり」から連想する内容とはまったくことなることがわかる。また同じ大田南畝がやや後の享和三年（一八〇三）一月二十九日に、東林という料亭で出された料理にも、

丼　平貝塩酢・きみやきしいたけ　同　丸むきうど・木ノ目みそ・しら魚
丼　いかノ味噌行切・つくししたし物　同　筍甘煮

などが見られ、やはり今の丼とは中身が大きくことなっている。

図3　四条河原の床における宴会
歌川豊広「(豊国・豊広)両画十二候・六月」より

絵画に見える「どんぶり」？

さて、滝沢馬琴と親交があり、馬琴の読本などの挿絵をよく手がけた歌川豊広の浮世絵「豊国豊広両画十二候・六月」は、四条河原の床における宴会（夕涼み）を描いている。

河原に張り出して作った床の上での宴会だから、さきにあげたような「フルコース」が並べられているわけではないが、そこに、布施氏宅の料理の大丸盆をそのまま絵にしたような光景が描かれている。

寸法が書かれているわけではないのではっきりとはしないが、周囲の人々との比較で見れば、大丸盆の直径は三尺（九〇センチ）ほど、その中に大鉢が二つと、大皿一つが置かれ、中には料理がもられている。鉢の脇には、小皿が四、五枚重ねて置かれ、また、大盆の縁には箸が数膳置かれている。

さらにその横には足つきの折敷があり、その上にも大きな鉢がのっている。大田南畝の『俗耳鼓吹』は文字による記録で、もう一方は浮世絵であり、年代もややずれるものの、このように比較してみれば、両者がほぼ完全に一致していることがわかる。

さて、後でも触れるが、喜田川守貞は『守貞謾稿』鰻飯の項で、「蕣《あさがお》形の丼鉢」といっているし、冒頭にあげた『俳諧古文庫』では「そこはほそみて、ひらきたる処尺にも足れり」と、やはり朝顔形を連想させるような表現をしている。

ところが、豊広の浮世絵を見ると、盆の上の一つと、台付き折敷の上に載るものは上が開く朝顔形をしているものの、盆の上のもう一つの「どんぶり」は口がまっすぐに立っている。

さらに、大田南畝の『俗耳鼓吹』の献立を見れば、「南京染付《そめつけ》どんぶり」の少しあとに「赤絵南京大鉢」が出てくるから、どんぶりと大鉢の区別があったことは間違いない。もう一つ、『俳諧古文庫』では大小さまざまのどんぶりがあるといっている。

だから、厳密に定義をすることはとても難しいのだが、当時どんぶりと呼ばれた鉢の一群があったことは間違いなかろう。この浮世絵に限らず、江戸時代後期の草双紙《くさぞうし》などの絵画で、宴会の場面では、このような大きな鉢が盆の上、あるいは折敷などのうえに載せられ、宴席をもりあげている例は数多く見られるのである。

以上見たものでは、絵画と記録がまったく別ものだから、もうすこし捜してみると、絵と「どんぶり」の文字が対比できるものがある。

例えば、四方山人（太田南畝）の『料理献立頭《あたま》てん天口有《てんにくちあり》』（天明四年刊）で、大きな鉢などが並んだ絵の詞《ことば》書《が》きで、

すいものあんばい、ぐんばいうちハ、どんぶりかうめう（丼高名）、ほまれをあらはさん

と、「どんぶり」を自慢しているから、そこに描かれている大きな鉢が、どんぶりと呼ばれていたことは間違いない（次ページ図4）。

さらに、山手山人《やまてのさんじん》の洒落《しゃれ》本『まわし枕』（天明九年刊、甲駅＝新宿の遊里を描いている）には、

若イ者、大平《おおひら》とどんぶりをひろぶたへのせ持来り、店へ置てかへる。是は台屋からおあつらへの品なるべし。

とあって、その場面の挿図が描かれている（次ページ図5）。

左手の若者が手に持っている大きな丸盆がひろぶただろうし、その上左手の蓋付きの器が大平、そしてその右にあるのが丼であることは間違いない。その丼は、今でいう六角鉢のようなものであろうか。

また、『俳諧古文庫』にある「朝《あし》夕には茶うけの饅頭を入れられ」とされる使いみちとしては、例えば山東京伝の『天慶和句文《てんけいわくもん》』（天明四年刊）に、急須と湯飲み茶碗の横に添えられた鉢の中に、

図６　菓子入れのどんぶり
山東京伝『天慶和句文』より

図４　鉢形のどんぶり四方山人
『(料理・献立) 頭てん天口有』より

図５　六角形のどんぶり　山手山人『まわし枕』より

饅頭のようなものが盛られている。その添え書きに「最中《もなか》の月で煮花《にばな》をあがれ」とある場面などが、ぴったりとあいそうである（図6）。ちなみに「最中の月」とは、新吉原仲の町の有名な菓子店である竹村伊勢で作られたもの、また煮花とは、煎じたお茶のことである。

高価な丼

さらに、加賀の豪商である銭屋五兵衛の日記である『年々留《ねんねんどめ》』をみても、どんぶりをしばしば購入している。いくつかをあげてみれば、

文政十二年（一八二九）	染付花鳥丼	五百七十五匁
天保　十年（一八三九）	青呉洲丼	二百三十八匁五分
	七宝丼	七百六十八匁八分
	三嶋丼	三百七十八匁八分
	井戸脇丼	二百五十八匁五分

などがある。一両が銀六十匁とすれば、一つの丼が四両から十二両以上と、かなり高額であったことがわかる。

そしてこれらの記述を見ると、「中に入れられるもの」または「器が使われる場面」によって、どんぶりと鉢の名前を使い分けるという解釈では無理があり、やはり、器自体にどんぶりとしての特徴があるのかなとも思えるのである。

ここまでいくつかの記録を見てきたが、少なくとも、天明年間から天保年間（一八三〇—四

四）の約六十年にわたり、「どんぶり」が一種の高級食器として、料亭の配膳をにぎわし、花街《はなまち》の座をもりたて、また貴重な財産としても扱われていたことがわかるだろう。

さて、天明期に「どんぶり」が出てきたといったが、ではそれ以前はどのような器を使っていたのだろうか。

花街などでの宴会の様子を描いているものを見ると、たとえば、延宝六年（一六七八）に板行された『吉原恋の道引』では、後のどんぶりに相当する器としては重箱のようなものが描かれている。これ以外でも、十七世紀の後半から十八世紀前半の絵画では、宴席には重箱というのが普通であったらしい。またそれに加えて大きな皿が描かれていることが多いようだ。

そして十八世紀後半にどんぶりに変わったと言えれば、『俳諧古文庫』の「近世（近ごろ）丼といふ器出て、あまねくもてはやされる」の一節によく符合してよいのだが、なかなか思うようにはゆかない。

たとえば、万治年間（一六五八―六一）から元禄期の初めに活躍した菱川師宣《ひしかわもろのぶ》の絵画を見ると（上の『恋の道引』も師宣画のようだが）、わずかではあるが、宴席にどんぶりのような器が見えるし、元禄年間に活躍したといわれる杉村治兵衛の浮世絵にも、台の上に「どんぶり」が載っているものがある。また十八世紀の前半に活躍した宮川長春も、台の上に「どんぶり」を載せた絵を残している。

さらに、正徳六年（一七一六）に京都で刊行された『世間娘容気《せけんむすめかたぎ》』（其磧《きせき》作）の挿図にも、重箱とならんで台にのった「どんぶり」が描かれている。

しかし、江戸と上方を問わず、宴席を描いた絵画を見てみると、古くは重箱状のものが多く、次第に「どんぶり」が使われる例が多くなる傾向は、見てとれるようである。

また、元禄六年（一六九三）六月序の『男《なん》重宝記』巻之四のうち、「料理に用る諸道具尽」に、「丼」の名が見える。これが具体的にどのような形のものかはわからないが、この名称がこの時期までは遡ることが知れる。

だから、天明年間（あるいはこれよりいくぶん前）にどんぶりが出現したと決めるのは間違っているともいえようが（実際発掘で見つかる鉢類で、この時期にいちじるしい変化はないようだ）、ほぼこの時期に「どんぶり」という名称が意識され、また、さまざまな席で利用されるようになったことは間違いないようだ。

酒席の高級「丼」

寛政から天保にかけて（十八世紀末～十九世紀前半）の世相を描いた『寛天見聞記』（作者不詳）で、

予幼少の頃は、酒の器は、鉄銚子、塗盃に限りたる様なりしを、いつの頃よりか、銚子は染付の陶器と成り、盃は猪口と変じ、酒は土器でなければ呑めぬなど丶いひ、盃あらひとて、丼に水を入、猪口数多浮めて……

　蕎麦屋の皿もりも丼となり、箸のふときは蕎麦屋の様なりと譬しも、いつしか細き杉箸を用ひ……

と、「盃洗い」と「蕎麦の容器」の双方を「丼」といっている。

　このうち、「盃洗《はいせん》」の使い方を絵画で見てみると、例えば歌川国貞の浮世絵「唐人踊り」では、青磁《せいじ》とおもわれるおおきな深い碗（鉢？）を、四脚つきの蓋付き漆塗容器にとりつけて使っている。その中には磁器の猪口二つ（そのうち一つは水に浮かべてある）と漆器あるいは土器《かわらけ》の盃がやはり水に浮かんでいる。このように漆塗りの台をつけたもののほかに、台のつかない大きな鉢に水をはり、盃を浮かべている光景は、当時の絵画でよく見られるものである。

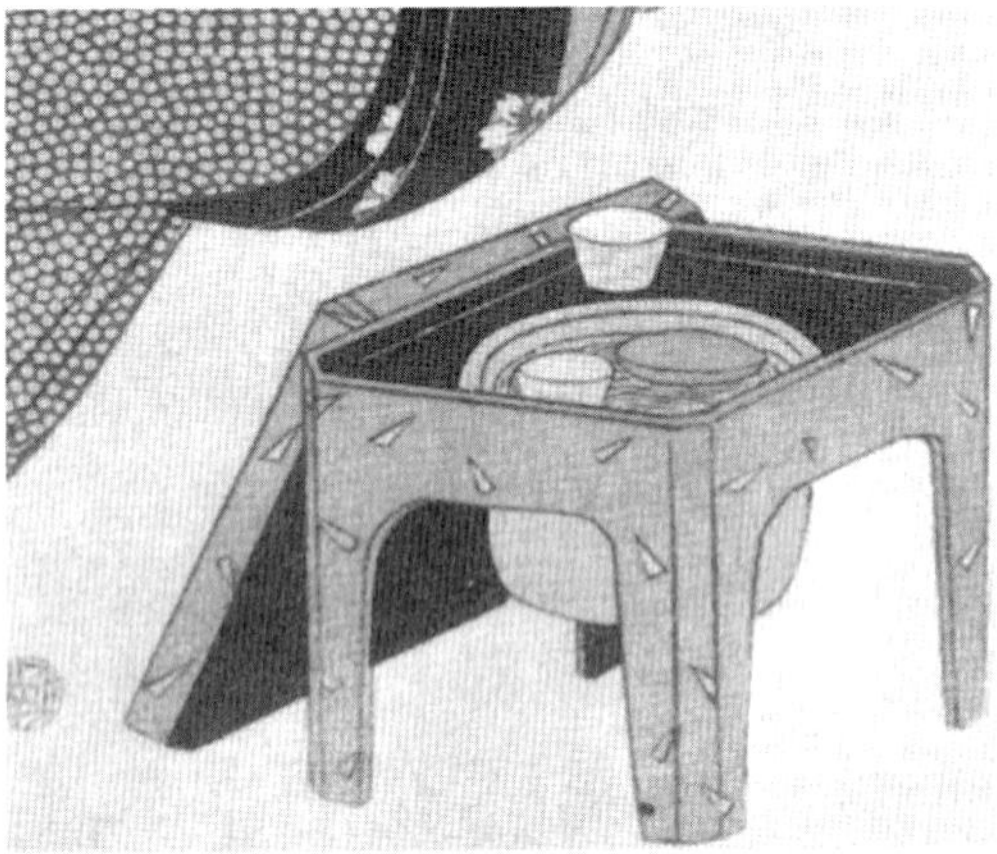

図７　盃洗　歌川国貞「唐人踊り」より

　ここに描かれている「盃洗」は、口が外側に大きく開くような形ではないから、必ずしも底がすぼまり口が開く、さきに述べた「朝顔形」のものだけが、どんぶりといわれたわけではないらしい。さきにも触れたが、国広の「両画十二候・六月」の、大盆の中の器のうち、一つは朝顔形であるが、もう一つは、カボチャのような、丸みをもった器なのである。

とすれば、今私たちが「大鉢」と呼んでいる一群の食器類の、かなりの部分が当時「どんぶり」と呼ばれていた可能性がある。

また、天保七年（一八三六）に刊行された『春告鳥《はるつげどり》』に、
　足なしの好風《いき》な台のうへに小品 丼《ちいさきどんぶり》を種々《いろいろ》ならべ、ひやうたんの清《すま》しどんぶりへ水を入れ、かはひらしき猪口《ちよく》を二ツばかりならべ持出《もちいで》、……

と、「ちいさき丼」という表現があるから、大きな鉢だけでなく、『俳諧古文庫』にもあるように、ずいぶん小さな鉢もどんぶりといっていた可能性はあろう。さらに「ひやうたん（瓢箪）の清しどんぶり」とはどういうものかよくわからないが、瓢箪形をしたどんぶりがあったのだろうか？

さまざまな「どんぶり」の例をあげてみたが、当時も実際に使う人の感覚で使い分け、はっきりとした境界線はなかったのかもしれない。

蕎麦屋の「どんぶり」

さて、次は「蕎麦屋《そば》の皿盛りも丼となり」という部分である。

これが、今私たちが普通に使っている「丼」につながることはいうまでもない。

今、器として「どんぶり」を使うものとしては、うどん・蕎麦、そして、うな丼・天丼などをはじめとするご飯ものの丼などがあろうが、江戸においては、蕎麦が比較的はや

く「外食産業」として発達した。

財津種莢の『むかしむかし物語』（『八十翁疇昔話』）（享保十七年〈一七三二〉）に、

寛文辰年（一六六四）、けんどんうどん、そば切と云物出来、下々買喰ふ。中々侍衆の見る事もなし。近年は歴々の衆も喰ひ、結構なる座敷へ上るとて、大名けんどん抔《など》と云て、拵へ出る。

とあり、当初は「下々」の食べるものであったようだ。

そばの普及のようすについて、三田村鳶魚《えんぎょ》は次のように述べている。

小伝馬《こでんま》町二丁目に半兵衛といふ者があつて、これが賭博宿であるところから、毎日毎晩蕎麦を取る。その度に不便であるからといつて、丼から膳からすべて取揃へて、小さい箱に入れて蕎麦屋に渡しておきまして、云付けてやれば、それに入れて持つて来るといふことにした。それを見て牢屋の表門前の太田次郎左衛門といふものが工夫して、一人前づつ道具を箱に入れたのを拵へて売出した。大変これが喜ばれて市中にひろまつたのですが、これから一八、二八、三八などといふことになつて、中味の代金よりも入物が三四十倍もするやうな蕎麦屋道具を、皆が使ふやうになつた、といふ云伝へがあります。これは延享、寛延度の話で、蕎麦屋の道具が綺麗になつたのは、この頃らしいのです。

そして蕎麦をもる器の変遷として、

古いところは、蒸蕎麦は蒸籠に載せるし、さもないのは饂飩《うどん》桶へ入れて来たのですが、それが大平盛りになり、皿盛りになり、丼となり、蒸さない蕎麦でも見てくれのいゝやうに蒸籠に盛る、といふことになつたものらしいのです。

（三田村鳶魚『江戸の衣食住』のうち「蕎麦屋の繁盛」）

と、蒸籠（饂飩桶）→大平→皿→丼（あるいは蒸籠）という、変化を示している。これを見ると、蕎麦について「丼」がはじめて使われたのが「延享・寛延度」（一七四〇年代）であるという。とすれば、このころには蕎麦をもるための、どんぶりと呼ばれる器があったことになる。

冒頭に引用した『俳諧古文庫』に「近世（ちかごろ）どんぶりという器出て」とあり、これが天明年間だから、約三、四十年のへだたりがあるが、十八世紀中頃から後半にかけてどんぶりという器、または呼び方があらわれたと見てよいのだろう。

文政八年ころの、山崎美成《よししげ》との「大名慳貪《けんどん》箱」の意味論争の中で、滝沢馬琴は、

そば切の器物は、予が小児の頃は皿也、今は多くは平をも用ひ、小蒸籠、又丼鉢をも用れど、……

盛り切り無情慳貪扱ひの義によりて、今の一膳飯、丼飯の類、馬かた、駕《かご》かき、ぼてふりの商人等が、をさをさ食ふ物ならば、……

と書いており、蕎麦の器（かけそば）に丼が使われていたことがわかるし、また、馬方・籠

（駕）かき・棒手振りなどの肉体労働者が、一膳飯・丼飯の類を食べているといっているから、この一連の丼は、さほど高級なものであったはずがない。

文化末年（一八一七頃）のものと推定されている歌川国貞の浮世絵「神無月はつ雪のそうか（惣嫁）」は、夜鷹《よたか》（はだしの者もいる）が夜そばの屋台に集まって、そばを食べている光景が描かれているが、今のそば屋のどんぶりよりやや大きめの器が使われている。

天保八年（一八三七）以来の見聞を克明にとどめた『守貞謾稿』では、

江戸は二八の蕎麦にも皿を用ひず……横木二本ありて竹簀《すのこ》をしき、其上にそばを盛る、是を盛りと云、盛りそばの下略也、だし汁かけたるを、上略して掛《かけ》と云、かけは丼鉢に盛る。天ぷら、花巻、しつぽく、あられ、なんばん等、皆丼鉢に盛る。

図８　屋台でそばを食べる夜鷹
雪にもかかわらず、右の２人ははだしである。
歌川国貞「神無月はつ雪のそうか」。

としており、さらに後の菊地貴一郎の『絵本江戸風俗往来』（明治三十八年）では、

　通町には夜明かしという、酒飯を商う露店が、大店の軒下を借用して、年中毎夜店をはり、夜明け前まで商いする。これ行客の便利をはかってのこと。夜の寂寞になると、この店で皿・丼を洗う音が高く響く。

とあって、現在の屋台店のようすとほぼ似通ったようすを見せている。

さて、ここまで紹介したのはいずれも外食産業である。だから、一般の家庭には入っていなかったかというと、必ずしもそうとばかりはいえないようだ、

寛政八年（一七九六）刊の落《おと》し噺《ばなし》である『喜美談語《きみだんご》』のなかの「三人生酔《さんにんなまえい》」に、

　……夫《それ》から夫婦喧嘩になつた。おれが留《とめ》て、コレおみたちは毒だといふ物を呑せる事はない、おれがのむべい、と、どんぶりへついでひつかけた、……

という表現が見られるから、一般の家庭の中にも、どんぶりとよばれた器が、入っていたことがわかる。

ただ、記録類を見ていると、仕出《しだし》屋や外食産業のほかには、やはり花街でよく使われたようで、同じ『喜美談語』のなかの「からす猫」という話では、女郎屋の料理場のはなしとして、

　親猫是を見て腹をたち、其晩八ツ時分に戸棚にいれてある肴を、どんぶりごと小わきにかかへ、そろそろゆく。……

とあるから、このような場所ではどんぶりが必需品であったことがわかる。

以上見てきたように、蕎麦の容器として、十八世紀の中頃から、どんぶりと呼ばれる器が使われ、一部に高級なものもあった一方、「馬方の丼飯」、あるいは夜鷹も食べた「二八蕎麦」の食器としても、どんぶりが使われているのだから、安価な実用品もずいぶん普及していただろうことがわかるのである。

「うな丼」と天ぷら

今では「うなぎ」といえば、漆器の器に入ったものが主流で「うな重」と呼ぶことが多いようだが、少し前まではなんといっても「うな丼」であったようだ。

天保四年刊の『世の姿』に、

うなぎの蒲焼《かばやき》は天明のはじめ（一七八〇頃）上野山下仏店にて、大和屋といへるもの初て売出す、その頃は飯を自分で持参したと聞く、近来はいづれも飯をそへて売り、又茶碗もりなどといふもあり。


とある。天明年間には、蒲焼単体の販売であったものが、次第に飯をそえて売るようになったことがわかる。

また、斎藤彦麿の『神代余波《かみよのなごり》』（弘化四年〈一八四七〉）には、

大江戸にては早くより天下無双の美味となりしは、水土よろしき故に、最上の鰻出来て、

> 三大都会に勝れたる調理人群居すれば、一天四海に比類あるべからず、我六七歳の頃より好み喰て、八十歳までも無病なるは、この霊薬の功験にて、草根木皮の及ぶ所にあらず、さるを、むかし蒲焼といひしは、魚の口より尾まで竹串を貫きて焼たるが、蒲の穂に似たる故に号《なづ》けたる也、当世のは蒲の穂には似もつかず、鎧の袖に似たり。

とある。弘化四年に八十歳であった斎藤彦麿が、六、七歳の頃から食べていたというから、『世の姿』にいう天明年間に、蒲焼が江戸で流行し始めたという記述と、ほぼ一致する。

ただし、斎藤彦麿がいうように、以前は鰻を丸のまま串にさして焼いており、それが蒲の穂に似ていることから「蒲焼」という名がうまれ、これが天明年間に腹または背を開いて、何本かの串をさして焼く方法に改良され（当然味つけにも工夫がこらされたのであろう）、以後急速にひろまったのだろう。

ちなみに、享保二十一年板行（京都）の江島其磧『浮世《うきよ》親仁《おやじ》形気《かたぎ》』に、

> いたみ入らして嫌といいはせぬ仕掛の網にかけて、鯉の吸物小づけ食に、鰻の焼物、筍に串貝の煮物など取合せ、……

とあり、このころは蒲焼とは呼んでいない。料理法も鰻を開いて、タレをつけて焼くといったものとは異なるのだろう。

さて、以上の記録にはまだ「うな丼」ということばは出てこない。『世の姿』に「茶碗もり」

がでてきたとあるのが、わずかにそれと感じさせるところだろうか。

丼とうなぎ飯の「合体」を記したものとしては、宮川政運の『俗事百工起源』（慶応元年序）がある。

うなぎ飯の始並に蒲焼の事

うなぎ飯の始は文化年中、堺町芝居金主大久保今助より始る。（中略）此今助常に鰻を好み、飯毎に用ふれども百文より余分に用ひしことなしと。いつも芝居へ取寄用ひし故、焼きさましに成しをいとひて、今助の工夫にて、大きなる丼に飯とうなぎを一処に入交ぜ、蓋をなして……用ひしが、至て風味よろしとて、皆人同じく用ひしが始なりと云ふ。

と、うなぎ蒲焼好きの芝居の金主が、簡便と焼きさまし防止の効果をねらって開発したとしている。また、「蒲焼」という言葉の起源としては、

因に云ふ鰻蒲焼文字の事、近頃印板傍廂《わきびさし》と云へる書に曰く、菖蒲焼は鰻の口より尾まで竹串を通して塩焼きにしたるなり、今の魚田楽の類なり、今は背より開き竹串さして焼くなり、昔の塩焼きより造にまさりて無双の美味なり、

と、『神代余波』とほぼ同じ説明をしているが、「背開き」と「塩焼き」というややくわしい説明が見られる。

さらに、『守貞謾稿』では、

鰻飯　京坂でまぶし、江戸でどんぶりという。鰻丼飯の略也。
江戸　鰻飯百文と百四十文、二百文。……丼形の丼鉢に盛る、鉢底に熱飯少をいれ、其上に小鰻首を去り、長さ三四寸の物を焼きたるを五六つ並べ、又熱飯をいれ、其表に又右の小鰻を六七置く也。小鰻骨を去り首も除き、尾は除かず。

と、作り方をやや詳しく説明している。ここにいたって、はじめて「鰻丼」という言葉が出てくるようだ。ちなみにこの『守貞謾稿』の「丼形の丼鉢」という文言と、添えられた図によって、「丼＝朝顔形」という思いこみ？　が醸し出されていたのかもしれない。また、京坂で鰻飯のこと「まぶし」といっているが、これが関西の「まむし」の起源になるのだろうか。

ただ、うな丼が現れたといっても、蒲焼の主流が丼であったわけではない。『守貞謾稿』でも、京坂では鰻屋で「うな丼」を兼ねて売るが、江戸では、名のある鰻屋ではうな丼を売らず、中以下の鰻屋がうな丼を兼ねて売るか、うな丼をもっぱら売るとしている。

さらに、「生業　下」の鰻の蒲焼売りの項目で、

京坂蒲焼は朱塗の大平椀に盛る、大価銀三匁小二匁、江戸は陶皿に盛る、大一串中二三串小四五串を一皿とす、各価二百銭、天保府命後百七十二文に売る家もあり。
又因曰《ちなみにいわく》京坂は鰻をさきて大骨を去り、首尾全体にて焼之《これをやく》、而後《しかしてのち》斬て椀に盛り、焼之時鉄串を用ひ、串を去て椀に盛る、江戸は大骨を去り、鰻の大小に応じ二三寸に斬り、各竹

串二本を貫き、焼て串を去り皿に盛る。

江戸は焼之に醬油に味醂酒を和す、京坂は諸白酒を和す、諸食ともに、京坂にては諸白を交へ、江戸にてはみりんを交ゆ也。

又京坂は鰻を腹を裂き、江戸は背をさく也。

と、京坂の鰻の焼きかたの差をくわしく説明するとともに、京坂では漆塗の大平椀で、江戸では陶器の皿にもって客に供したようだ。

さて、これより大分あとの鹿島万兵衛『江戸の夕栄』（大正十年）では、

鰻丼《どんぶり》の元祖は葺屋《ふきや》町の大野屋（大鉄）です。人形町尾張屋の川丼《かはどん》は三百文で、鰻が二《ふ》タ側《かは》はひっており、飯もたんと盛ってありました。

とあるから、さきの『俗事百工起源』とあわせれば、考案が大久保今助で、商売として売り出したのが、大野屋ということになるのだろうか。

天丼は新しい？

同じ『江戸の夕栄』に、

天麩羅《てんぷら》は上流の料理に出さぬではなきも、多くは即席料理の出し物にして天麩羅専門の料理店というほどの家はあらず。多くは家台《やたい》見世のものにて天麩羅茶漬店、飯付き一人前二十四文か三十二文、せいぜい四十八文ぐらゐのもの。

とある。

天麩羅ということばの起源については山東京山《さんとうきょうざん》の『蜘蛛の糸巻』がよくしられている。これによれば、天明の初年大坂の商家の次男利介が、江戸に欠け落ちして、山東京伝《きょうでん》の居宅の近くに住まう。つね日ごろつき合いがあったが、ある日利介が、魚肉あげ物を売り出したいが、その名前をつけてくれとたのむ。京伝はすこし考え、「天麩羅」と書いて見せた。利介が不審顔をするので京伝は、

足下は今天竺浪人なり。ふらりと江戸へ来りて売り始める物ゆゑ、てんぷらなり。てんは天竺のてん、即ち揚ぐるなり。ぷらに麩羅の二字を用ひたるは、小麦の粉のうす物をかくるといふ義なり……

と説明している。

大坂で「つけあげ」、江戸で「胡麻揚」といっていたものは、今東京でいう「さつま揚げ」で、九州や四国ではこれをいまも「テンプラ」と呼んでいる。利介の「発明」は、スリ身の揚げものであったものを、魚の形をしたままで揚げたところにあったわけである。

ところで、徳川家康が、茶屋四郎次郎のすすめた「鯛の胡麻油揚げ」を食べて腹をこわし、それがもとで亡くなった話はよく知られているし、寛文四年（一六六四）の『料理物語』にも、「麩の油揚げ」がのっている。

また、延宝年間（一六七三―八一）に写された『和蘭陀《オランダ》菓子製法』には、「テンフラリ」という

料理（菓子）が紹介されているし、さらに安永十年（一七八一）正月の豊竹座の浄瑠璃「昔唄今物語」に、「天麩羅」という言葉があるという（斎藤月岑《げつしん》、三田村鳶魚）。

だから、天明年間に利介が発明し、京伝が命名したというのは、弟である京山の思い入れにすぎないとしても、魚類の姿揚げを利介が再評価し、京伝が、過去の食品の名前の中から、「天麩羅」を選んで命名し、京伝のブランド力で大々的に売り出して、以後次第に日本料理の定番となったことは明らかであろう。

図9　家台見世の天麩羅屋　北尾政美『近世職人尽絵詞』（東京国立博物館所蔵）より

なお、『守貞謾稿』では、「京坂の天ぷらは半平（はんぺい—はんぺん）の油揚げをいい、江戸の天麩羅は、あなご・芝えび・こはだ・貝の柱・するめなどで、温飩《うどん》粉をゆるくといて衣とし、油揚げしたものをいう。野菜の油揚げは江戸でもてんぷらといわずあげものという」としているから、関西方面での江戸風の天ぷらの流行は、しばらく後になるのであろう。

天麩羅は「多くは家台見世」で売られ、飯つきで一人前二十四文からせいぜい四十文というのだから、『守貞謾稿』にみる鰻丼の値段（百文―二百文）とくらべると、はるかに安いことがわかる。さらに、丼にいれて売ったという話はないようだから、今鰻丼とならび称せられる「天丼」があらわれるのは、少なくとも明治以降でなければならない。

守貞がしめす天ぷらの中味を見ると、野菜類は一切なく、あなご・芝えび・こはだ・貝柱・するめが主だったものだった。この材料に、立派な海老が登場した時、はじめて「天丼」がどんぶりものの一方の雄としてもてはやされることとなるのだろう。

「うな丼」の流行と「高級」どんぶりの消滅

さて、鰻の蒲焼については、どんぶり飯とあわせた「うな丼」が開発された。そしてそれを幕末の喜田川守貞は、単に「どんぶり」と呼んでいるし、また明治から江戸を回想した鹿島万兵衛も「鰻丼《どんぶり》」と、ふりがなをうっている。また、「天丼」は明治以降であろうことは上に述べた（カツ丼・中華丼・牛丼などは言うまでもあるまい）。

器自体の呼称と、料理の提供の方法が渾然として説明しにくいが（というより私自身よくわからない部分が多いのだが）、少なくとも幕末には、料理としての「どんぶり」は、間違いなく「うな丼」をさしていたと考えられる。

とすれば、うな丼の普及によって、これがどんぶりの代表選手となり、これまで宴席などで、酒の肴をもる器として使われていた大鉢の一部に与えられていたどんぶりという名称が、しだいに用いられなくなったと考えるのが自然ではないだろうか。

これに対して、うどん・蕎麦は料理自体がどんぶりと呼ばれることはなく（「うどん丼」など）、器自体のみが「どんぶり」と呼ばれ、現在まで続くことになるのだろう。

記録をさらにくわしくあたれば、もう少し丼の使用例をみつけることができようが、以上煩雑に書きあげたことをまとめれば、

十八世紀中頃から後半にかけて、「どんぶり」という言葉が頻繁にあらわれる。その一つは、比較的高級な料亭などで用いられるものであって、底がすぼみ口が開いた「朝顔形」をしたものだったようだが、絵画を見ると、カボチャの下半分のような形のものも同様に使われている。

もう一つは、主として蕎麦の容器として用いられたもので、蒸籠《せいろう》―大平―皿と変化して最後に盛りは蒸籠、かけ（ぶっかけ）は丼ということになったようだ。これが十八世紀の中頃らしい。この丼はかなり高級なものもあったようだが、二八《にはち》蕎麦でも使われていることから、あるいは馬方《うまかた》の丼飯という表現からも、安価なものも多く使われていたようだ。

鰻の蒲焼は天明年間にはじまり、次第に飯付きでも売られるようになったようだが、鰻飯―鰻丼がはじめて現れたのは文化年間（一八〇四―一八）であったらしい。そして幕末には「どんぶり」といえば「うな丼」をさしていたようだ。そしてうな丼の地位向上が、これまで高級食器の

一部にも与えられていたどんぶりの名まえを消滅させる原因にもなったのだろう。

庶民のあいだで「どんぶり」という言葉が認知され、日常的に使われていたことを示すための小噺を一つ。やや破礼《ばれ》噺（下《しも》ネタ）がかっているが、一般的に考えられていたどんぶりの大きさを知るうえでも参考になろう。

茶碗・どんぶり・擂鉢

「コレ此土を丸めて、コウにぎりこぶしをこふ入れて、茶碗ができる。もつと大きくこしらへようと思へば、肱《ひじ》を入れる。これが茶の湯の茶碗の下地だ。」「どんぶりはどうこしらへる。」「どんぶりか、それは土をうすくして、膝頭へかぶせてぬけば、コレ此の通り。」「こいつはい丶、そして擂鉢はどうする。」「擂鉢か、大きく土を丸めて、尻をまくつて、かうさ。南無三、かたくちになつた。」

（落噺《おとしばなし》『詞葉《ことば》の花』、寛政九年刊行）

割り箸の始まり

裂き箸・比翼の箸

どんぶりといえば常に対になるのが、割り箸である。

割り箸については『守貞謾稿』にくわしい説明がある。「生業上」鰻飯の項で、

（鰻飯―うな丼には）必らず引き裂き箸を添る也、此箸文政以来比《ころ》より、三都ともに始め用ふ、杉の角箸半を割りたり、食するに臨で裂分て用之《これをもちい》、是再用せず浄きを証す也。然れども、此箸亦《また》箸所に返し、丸箸に削ると云也。

鰻飯のみに非ず、三都諸食店、往々用之、却て名ある貸食店には用ひず、是元より浄きが故也。

と説明している。

これによれば、割り箸―裂き箸が使われ始めたのは文政期で、鰻飯だけでなく、江戸・京坂と

もに飲食店でよく使われたようだ。これはもちろん「かけ流し＝使い捨て」にすることによって清潔感をあらわすためであろうが、高級店では用いられなかったらしい。塗箸の上等なものを使ったのか、あるいは白木でも高級な材を用いた二本箸だったのかもしれない。

割り箸の始まりについては、これが通説としてうけいれられていたようだが、その始まりについては、もうすこし早まりそうだ。

山中共古《きょうこ》の『砂払』のうち、「払砂録」二十に、十返舎一九《じっぺんしゃいっく》の『青楼松之裡《せいろうまつのうち》』（享和二年〈一八〇二〉）をひいて、

> いのじいせ屋のさきばしをみて、はしがいつぽんで食はれるものか、と小言をいひしてやいにして云々
>
> これは田舎出の者、鯛の頭のうしほ煮を、骨が食へるものかと怒りしをいへる文なるが、いの字伊勢屋の箸《はし》といふもの、世に知られしものと見ゆ。

と書いている。

『守貞謾稿』では「文政以来ころ」といっているが、これによると、ほぼ二十年遡る享和年間（一八〇一―〇四）には、すでに「さきばし」があったことになる。そして、田舎者が、「箸が一本で食はれるものか」と言っているのだから、まだこの箸がさほど普及していなかったろうことが推定できよう。

「いの字伊勢屋」といえば、新吉原江戸町二丁目にあった有名な茶屋で、割り箸もはじめのうちは、このような場所でのみ使われていたのであろう。

川柳に見える割り箸

また川柳を見てゆくと割り箸の起源はもう少し遡りそうだ。『誹風柳多留《はいふうやなぎだる》』二九編（寛政十二年〈一八〇〇〉）に、

割り箸を片々無ィと大笑ィ

とあり、先の『松の裡』よりやや遡る。

さらに、宝暦十二年（一七六二）九月五日開キの「川柳評万句合」に、

貝やきへひよくの箸の行キちがひ

の句がある。ひよくとは「比翼の鳥」で、男女の契りが深いことを示し、「連理の枝」と一対に表現されることが多い。白楽天の『長恨歌《ちょうごんか》』の中の一節、「在天願作比翼鳥、在地願爲連理枝」はよく知られている。

さてこの句は、吉原で初回、裏（二回目）をすませ、三回目に同じ遊女の部屋に揚がった客が、なじみとなった遊女と食事をしている光景だろう。比翼（羽がつながった）の箸とあるから、割り箸と考えられないこともない。

ただ吉原の場合、三回目からは馴染み客として専用の箸が遊女の部屋にそなえられたらしい。とすれば、割り箸ではなく、比翼の紋様を塗り箸に描いたものの可能性もある。

しかし、明和八年（一七七一）十月十五日の「川柳評万句合」に次のような句がある。

　おとり子の箸を喰さくふたしなみ

これは、箸を「喰い裂く」と表現しているから、間違いなく割り箸のことである。

だから、割り箸の起源は、少なくとも明和年間（一七六四—七二）に遡るといえる。つまり、『守貞謾稿』のいう、文政年間（一八一八—三〇）より五十年は遡って、割り箸は使われていたのである。

もっと文献を調べれば、もう少し遡ることができるかもしれないが、十八世紀の中頃から後半に、外食産業の発展の中で、まず仕出《しだ》し屋が、清潔感とある程度の高級感を演出するために、この「さきばし」あるいは「引裂箸」を開発し、その後、比較的安価な料理店などへと普及していったものであろう。そして『守貞謾稿』では、文政年間を裂き箸の始めとしていることから、この頃になって、三都にこの箸がずいぶん普及したといってよいのではないだろうか。

珍しい割り箸

ただ、普及したといっても今のように、三つの子どもでも割り箸を使うという状況ではなかった。『守貞謾稿』が、割り箸の初めとする文政年間の句に、

　一本ッの箸にせなァハさてこまり　（『誹風柳多留』七九編、文政七年）

とある。「せな」というのは、川柳では江戸に下女奉公に出た娘の兄または恋人ということになっている。娘をたずねて江戸に土産などをもって出てきた恋人が、料理屋につれてゆかれ、見た

こともない箸にとまどっているようすをあらわしたものである。また、

割はしに姫は金剛力を出し　（『誹風柳多留』一〇三編、文政十一年）

の句も、あまり外食することのない嫁が、馴れない割り箸にとまどっているようすをあらわしたものであろう。

さらに、江戸時代もだいぶおしつまった天保十年（一八三九）の句にも、

コイツのつそり割《リ》箸を弐せん持《チ》　（『誹風柳多留』一五六編）

とあって、その普及が一部にとどまっていたことが知られるのである。誰もが当然のように割り箸を扱えるようになるのは、明治以降に、機械による生産が始まってからだろう。

さて喜田川守貞は、「この箸は箸所に返し、丸箸に削り直す」といっているから、夜たかそばのような、きわめて安く食事を提供する場では、このような再利用の箸が使われたのだろうし、さらにこれを簡単に洗って、何度でも使用したことではあろう。

だから、今のように一度使えばすぐにゴミ箱入りということはなかっただろうし、「いの字伊勢屋」のように、ずいぶん高い料金をとったろうと思われるところでは、削りなおしのための払い下げをしていないとしても、燃料の一部として再利用されたであろうことは容易に想像できよう。

じつは発掘調査では、箸が結構みつかっている。しかしそれは、大名屋敷の中での将軍御成り

などの宴会で使われたあと、まとめて捨てられたと思われるものが多い。そしてその箸は、割り箸であった痕跡（箸の端の一つの面に、引きさかれたあとのあるもの）はまったく見られず、杉などの白木を荒くけずったものがほとんどである。このような儀式的な宴会に使われたものは、かならず廃棄することになっていたと考えられよう。

しかし、日常生活で使われた割り箸は、削りなおして再利用するか、燃料として有効に活用されたと思われ、今後も発掘でみつけることは、あまり期待できそうもないようだ。

ヒジキに油揚げ五合飯

江戸の食生活

文化・文政の頃に書かれたらしい『続飛鳥川』（作者不詳）に、

昔は奢《おごり》がましき事少しもなく、三度の食事に菜もなく、汁、香の物ばかりなり。

五節句には大に奢りて牛蒡人参《ごぼうにんじん》の類を煮て食しに……

とあり、つつましい庶民の食生活をうかがわせている。

庶民の食生活

江戸も中頃以降は市中に料亭が作られ、さまざまな豪華な食事が提供された。また、大名などの宴会の記録や、外国からの使者に対する饗応の記録も残されており、これらを見ると、今の会席料理と同じように種々の食材がふんだんに使われている。

現在刊行されている江戸料理に関する刊行物を見ると、これらを参考にして、江戸文化の最高水準の料理を再現しているものが多い。しかし、庶民の毎日の食事は、決してこれらの料理書に紹介されているようなものではなく、今の私たちから見れば、ごく粗末なものであった。

一日一炊、あと茶づけ

日常の食事についてはさまざまな記録があるが、ここではもっとも詳しく書かれているものの一つとして、喜田川守貞の『守貞謾稿』（第二八編、食類、飯）をひいてみよう。

平日の飯　京坂は午食、俗にいうひるめし、あるいは中食といい、これを炊く。午食（昼食）に、煮物あるいは魚類または味噌汁など、二三種をあわせ食べる。

江戸は朝に炊き、味噌汁をあわせ、昼と夕は冷飯をもっぱらとする。しかし、昼は一菜をそえる。野菜あるいは魚肉などかならず午食に出す。夕食は茶漬に香の物をそえる。京坂も朝飯と夜食（夕食）には冷飯、茶、香の物だ。

三都（京、大坂、江戸）ともこれは概略で、大多数がこうである。大きな家や大きな店では三食飯を炊き、三食菜、汁をそえる場合がある。しかしそれはまれで、上記のものがもっぱらおこなわれている。また、三食のうち二回（飯を）炊き、一食冷飯を使うのもある。小家といっても、時によって必ず一炊ではない。

京坂は右のように午炊を専らとするため、冬は朝夕に冷飯を茶漬にして食べるが、冷たくて良くない。だから、宿茶（前日に沸《わ》かした茶の残り）に塩を加えて冷飯を再び暖め、粥《かゆ》にしてもっぱらこれを食べる。これを茶かゆという。あるいはこれに、さつま芋を加える。また、宿飯（前日からの残りの飯）の無い朝は、粳米《うるち》を炊くのに水を多くして白がゆとして食べることもある。白糜《しろかゆ》には塩を加えない。

江戸はだいたい朝炊きだから、粥を食べない。小さい時から粥を食べないので、病気になってもこれを食べない人が多い。京坂で粥を食べるのを吝《けち》と思うが、京坂では幼年からこれを食べているので、倹約というわけでもない。これを好んで食べる人も多い。たぶんはじめは倹約から出たものだが、今はしだいになれて、これを好むのだろう。また、京坂は未刻比《ころ》（午後二―三時頃）に八ツ茶といい、いわゆる点心（軽食）を食べる。しかし、日の短い季節には食べない。日の永い時分はもっぱらこれを食べる。多くは茶漬飯をたべる。江戸では三時（朝、昼、夕）のほかには、間食はない。また、冬の朝飯は、冷飯を味噌汁で再び暖めて、雑炊とするのもあるが稀《まれ》である。江戸の人はかゆよりは雑炊を食べる人が多い。

ヒジキに油揚げ、まれに魚

篠田鉱造が、幕末の古老の話を聞き集めた『幕末百話』に、もう少し具体的なおかずの内容が書いてある。

昔は質素でしたな。私共も半生は鹿菜《ひじき》と油揚《あぶらげ》の御厄介で番頭になったようなもの。三日の日がお肴で、その外はお芋の煮転ばし。蓮根や人参。で朝はお汁。昼がお菜でした。鹿菜に油揚付で。晩と来たら香物でした。コレはモウ年が年中判で押したようなんです。といって働きが鈍いというんじゃアなし体が弱いという訳もありませんでした。

と、「ヒジキに油揚げ」が、毎日（昼だけ）のおかずであったと懐述している。ただし、ここでいう「鹿菜に油揚」というのは、当時のおかずの代表選手といった意味あいが強く、必ずしも毎日がそれであったということではない点に、注意が必要だろう。

江戸の手がたい商家は、おしなべて質素倹約をむねとしていたようで、ケチな商家の代名詞として「伊勢屋」の名がよく出てくる。例えば『川傍柳《かわばたやなぎ》』四編（天明二年〈一七八二〉刊）には、

くさつても鯛を伊勢屋はくはぬ也

とあり、奉公人の質素な食生活をしのばせるのである。

農村部でも、『誹風柳多留』一〇編（安永四年〈一七七五〉刊）に、

油揚《あぶらげ》にこぶは村での大法事

とあり、さらに質素な食生活がしのばれる。

また、幕末の歌人　橘　曙覧《たちばなのあけみ》は、

たのしみはまれに魚煮て児等皆が　うましうましといひて食ふ時

（『志濃夫廼舎歌集《しのぶのや》』のうち「独楽吟《どくらくぎん》」）

と詠んでいる。

御典医の家の食事

次に、武家の食事について見てみよう。

幕末の御奥医師で法眼の桂川甫周《かつらがわほしゅう》（身分はもちろん旗本である）の娘みね

が、『名ごりの夢』でその食事をくわしく紹介している。

私の子どもの時分の食べものはいつもきまっておりました。朝はおみおつけ、昼はごまめの煮たのとかまたはきりぼしと言った程度のものでして、毎日変ってはいますが、まあお正月のお煮もののようなものが、平日ついていました。一ヵ月のうちでも一番数が多かったのはおからで、そのなかにみくら島からきた椎茸などもはいっていまして、それはみんな喜んでいただきました。お豆腐もよくつかいました。（中略）大根なども今にくらべたらもっと使い道が多かったようですね。切りぼしがたくさん作ってあって、始終使いました。お香の物として、たくあんもどっさりありました。（中略）旗本屋敷だなどといっても、まことに簡単でお粗末でした。まあおからだのお豆腐の八杯酢だので、お肴といったらひものか鮭《さけ》をよく使ったようです。江戸に生まれても浅草のりの香などそのころはあまり覚えがありません。私は一人娘も同様でしたのにそんな風でした。

主人だけはまったく特別で、他の者とは雲泥《うんでい》の差でした。お膳もきっと添え膳がついていましたし、子どもながらに大変な違いだと思ったこともありました。（中略）それから今日は誰それが死んだ日、誰々が生まれた日とかいう時だけは私どもにも本膳がつきましたが、なにしろ何をいただいてもおいしく、それで結構誰もが丈夫だったようです。その代りきまりは厳格で、御はんも私など三ぜんときめられた以上、どんなにおいしいからとてたくさんはいただけませんし、何かで二ぜんにするというわけには行きませんでした。病気でないかぎりは、きまったただけをきちんとまもりました。

この中に「みくら（御蔵）島からきた椎茸」というのがあるが、これは有名な「絵島事件」にかかわって御蔵島に流された、同業医師との関係で、御蔵島の三宅島からの独立に尽力した、桂川家の恩に対する感謝の気持ちをあらわすものであろう。幕末まで百年以上、ずっと土地の名産品を届けるとは、ずいぶんと律儀《りちぎ》なことと感心させられる。

江戸は朝炊き、京は昼炊き

これらの記録をまとめると、江戸の普通の（町人であろうと武家であろうと）家では、毎朝一度だけ飯を炊く。そして朝食はこれに味噌汁がつく。昼と夕食は冷や飯で、場合によっては茶漬にする。そして昼飯に一菜がつくが、夕食は香の物だけで食べるという生活であったことがわかる。

京坂では、江戸で朝に炊いている飯を昼に炊く点が違うだけで、昼に汁や菜など二、三のものをあわせて食べる点は江戸とほぼ同じ。夕食を香の物と茶だけですますのも江戸と同じである。ただ、やや違っているのは、京坂で冷や飯である夕と朝の食事を、茶漬でなく、お茶といっしょに炊いた粥《かゆ》にして食べる点である。これが習慣になっているため、あさ飯がなく、新たに炊かなくてはならない場合でも、わざわざ粥にするというところであろう。

昼は、野菜または魚を出すと書いてあるが、篠田鉱造の記録や、橘曙覧の歌を見ても、どうも野菜（あるいは海草や大豆加工品）が主で、魚などは稀であったことがうかがわれるのである。落語などにも、イワシをめぐって、亭主とかみさんの言い争いが見られるようだが、これとても貴重な動物性のたんぱく質であったのだろう。

大工などの職人は、毎日はげしく身体を使うから、食事の量は多いだろうし、また大火の後には賃金が跳ねあがったというから、たまには「初ガツオ」などと気前のよいところを見せたのかもしれない。しかし、商家の奉公人などは、年がら年中それこそ「ヒジキに油揚げ」に類した食生活を送っていたことは間違いないのだろう。

これは、庶民だけでなく、かなり地位の高い旗本の家族でも、ほぼ同じであったことは、先にあげた今泉みねの『名ごりの夢』を見てもわかるのである。

なお、江戸では朝炊きと書いたが、もちろん冷や飯が残っていれば別で、たとえば滝亭《りゅうてい》鯉丈《りじょう》は、江戸池之端《いけのはた》ちかくに住む男たちがよりあつまって、朝飯を作るようすを次のようにえがいている。

「イヤそれはさておき、なんと二三日飯くはねへよふナ心持ダが、腹直《はらなお》しに、今朝は雑炊《ぞうすい》としようではないか」

「よからうよからう。ろくに飯といふものをくはねへから、お冷《ひや》がどんと有から、てうどいゝ」

から始まって、よく燃えない生木で、煙を盛大にあげながら鍋を「へっつい」（かまど）にかける。味噌をするのが面倒だから、醬油《したじ》で水雑炊《みずぞうすい》ということになる。ただし、いくら男料理といっても、

「そこで鰹節《おかか》をどっさりかいてくだつし。したじは此位でよからう」

と、だしにはこだわっているようだ。具は菜が少々。だし汁があたたまったところで、冷や飯をぶちこんでかきまわす。

しかし独身の男同士でわいわいつくる料理のこと、このあとずいぶん汚らしい話になるので以下は省略。

（『花暦八笑人』二編、文政四年）

こんな光景も、江戸の裏店《うらだな》ではくりひろげられたのだろう。

江戸の食文化

もちろん、江戸の豪商の中には、ありあまる財力をあらん限りの浪費に使ったむきもあり、また諸藩の江戸留守居役なども、ずいぶんと公費で散財を重ねていたらしい。そのような消費行動が、「すぐれた」江戸の料理文化を発達させたことではあろう。また、江戸も中期以降になれば、庶民でも比較的気軽にはいれる「食堂」や、屋台のそば切り売りなどがずいぶんと多くなったようである。

例えば、越智久為《おちひさため》は『反古染《ほうぐぞめ》』の中で、かれの青年期からの記憶をたどり、町中の飲食店や街売りの菓子などの変化を記録している。これによって、享保期の中頃をさかいに、江戸の「外食

産業」が急速に伸びたことが見てとることができるのである。

しかし、注意しなければいけないのは、今の私たちの外食の感覚とは、ずいぶんに違っていたろうということである。さらにこのような「外食産業」を享受する階層も、江戸の中でも限られたものであったことは、篠田鉱造や今泉みねの話によっても明らかだろう。また、江戸でははなやかな食文化が展開されている反面、地方では幕末になっても、白い砂糖を見たことがなく、近所の家ではじめて白砂糖をもらい、薬かと思って、母親に見せに行ったという子供もいたこともまた事実なのである（山川菊栄『武家の女性』）。

だから、どのような食事が主で、何が例外的な食べ物であったのかをはっきりと示さないと、江戸の庶民の日々の食事に対して大きな誤解を招くことになりかねない。

では、こういう食生活を送っていた江戸の住民の、一日の米の消費量は一体どのくらいだったのだろうか。

一日五合

幕末の菅茶山《かんさざん》の『筆のすさび』に、

一日に五合の食は吾邦《わがくに》の通制だ、これで飛脚もつとめ、軍にも出る。

とあり、また喜多村信節《のぶよ》の『瓦礫雑考《がれきざっこう》』には、

新武者物語に人の食物は朝暮《ちょうぼ》二合五勺ずつ（すなわち五合―著者註）と、瀧川左近将監《たきがわさこんしょうげん》が定めたというのは誤りだ、一日五合の食は瀧川なにがしに始まったのではない。

と、この食習慣（というより、一日の必要量）が古くからのものであるとしている。

これでわかるように、江戸時代の一人分の米の消費量というのは「五合」（玄米。精米すれば目べりするから四合半程になる）が標準であった。下級武士の何人扶持《ぶち》というのは、一人一日五合が基準であった（男扶持、女扶持は三合）し、また、『文政年間漫録』には、夫婦と子供一人の飯米が年間で「三石五斗四升」とある。

これを計算しやすいように「合」になおすと三千五百四十合、一年の約三百六十日で割れば三人で一日約一升である。もちろん、性別や年齢によって差があるのは当然で、男扶持の五合と、女扶持の三合をたして八合、それに子どものぶん（これも年齢によってずいぶんちがうだろうが）を二合とすれば、約一升というのは、ほぼ妥当な線かなという気がする。

飢饉《ききん》などの時、幕府が支給した「お救い米」が、一日に二合五勺―三合という記録があるから、最低でもこのくらいが、米だけを食べた場合の生存の条件だったのだろう。

大正末から昭和初期に活躍した、宮沢賢治の「雨ニモマケズ」では、

今九勺

一日ニ玄米四合《シゴウ》ト味噌ト少シノ野菜ヲ食べ

とあり、江戸の標準的な消費量よりやや少なくなっている。

また、第二次大戦中の米の配給は、（実際に配られたかどうかは別としても）一日二合三勺《しゃく》だったそうだから、これも、一日の最低必要量として、江戸時代のお救い米の量とほぼ一致している。

今の日本人の平均的な一日の米の消費量は、農家で二合四勺程度、非農家だと九勺弱で、一合にも満たないらしい（考えてみれば私も、一日に一合の米を食べているとは言えないようだ）。その分のエネルギーをうどんやパン、そして江戸時代にくらべて、圧倒的に豊かになった副食で得ているのであろうが、今の農家で比較しても、江戸時代との差があまりにも多いのに驚かされる。非農家に至っては、もはや米が主食とは言えないほどに、消費量がおち込んでいる。今の子供たちは、ごはんもおかずの一種と思っているらしく、食卓に並べられたごはんとおかずを順番に片付けてゆく傾向が強いという。それよりも今、都市の家庭で、食費を主食費と副食費というふうに、分けているのだろうか。

栄養学者たちは、各種の栄養をバランスよく食べなければ、丈夫に育たないというようなことをいうし、これをうけて母親は、「もっと食べなくては大きく丈夫にならないよ」と、子供たちがよく食べるように、さまざまな工夫をして、必死に食べさせている。私などは、別に子供にお願いして食べてもらわなくても良いのではないかと、つい思ってしまうのだが。

最近読んだものの中に、「豊かな食事で確かに身長はのびたが、決して子供達が丈夫になっているわけではない」というようなことが書いてあったような気がする。江戸時代のように、わずかのおかずで、一日に五合の飯という、ほとんど炭水化物だけの食事に対して、今の栄養学者はいったい何というのだろうか。

篠田鉱造の報告によれば、飯とわずかなおかずだけの食事でも、「といって働きが鈍いというんじゃアなし体が弱いという訳もありませんでした」と書いているし、今泉みねも「何をいただいてもおいしく、それで結構誰もが丈夫だったようです」といっているのである。

このような「粗食」で、夏の暑さや冬の寒さに耐え、男は身体を酷使する肉体労働をして、女はすべて手動で家事全般をこなしていた。

今の日本は確かに豊かになった。だから欲望の赴くままに、おいしいものを、いやというほど食べられる（幼稚園や小学校では、給食を食べることができずに、泣き出す子もいるという）。が、しかし、ただそれだけと思えてならないのである。

発掘でみつかる食物

さてそこで、発掘でみつかる江戸の食物であるが、「ヒジキに油揚げ」が土の中からみつかるわけでは決してない。植物質のものとしては、火災にあって炭になった米が、かろうじてたまにみつかる程度である。

地下からみつかる食物の痕跡

地下からみつかる食の痕跡としては、動物の骨や貝殻がほとんどで、これをもって、江戸の食事の復元をするのは、少しはずれているような気がするが、これしかみつからないので、紹介したい。

江戸でみつかる骨などの分析は、発掘調査地点ごとに行われている。ここでは、本格的な江戸の発掘調査として初めて行われた東京都立一橋高等学校の新築地点の例をあげてみよう。

この場所は、江戸時代には「橋本町二・三丁目」で、このあたりは、表通りには旅館が多く、また裏店《うらだな》には諸職人や芸人などが住んでいたらしい。また、よく知られている人物としては、近くに平賀源内《ひらがげんない》や喜多川歌麿などが住まっていたようである。

ここでみつかったものを列挙すると、まず魚類では、

サメ、マイワシ、スズキ、ブリ、コショウダイ、マダイ、マグロ、カツオ、フグ、カサゴ、ヒラメ

があり、鳥類では、

ウ、シラサギ、ハクチョウ、ガン、カモ、ニワトリ、ハシボソガラス

ほ乳類では、

ニホンザル、ノウサギ、ドブネズミ、クジラ、イヌ、ツキノワグマ、ネコ、ウマ、ニホンジカ

さらに、爬虫《はちゅう》類のスッポンもみつかっている。

このうち、魚類のカツオについては、骨の残りかたからみて、生《なま》で食べられたものがあるらしい。また、タイは全長四〇㌢以上とかなり大きく、町民の住まった場所でこのような大きなタイがみつかるのは、当時の漁について、示唆《しさ》に富むものだろう。

イワシは確認した数は少ないようだが、当時の記録に出てくる件数から見ても、また今の漁獲高から見ても、もっと利用されていたと思われる。

みつかった魚については、ほぼすべてが食用であったと考えてよいだろう。しかし、次の鳥については、少し考えてみる必要がある。

まずニワトリである。

ニワトリは庭

ニワトリは今でこそ動物性たんぱく質の優等生として、大量に生産・消費されているが、江戸時代は基本的には食用でなかったことをおさえておく必要がある。一橋高校でみつかったニワトリの骨には、はっきりと切り落とした跡があるとのことなので、これを食べた事は明らかである。また、文献にも、ニワトリが食用として売られる場面が多く見られる。

しかし、この時代には、ニワトリは時を告げるものとして愛玩用に飼われていたことが多かったことが、当時の記録からわかるのである。また、地域にとっては闘鶏が盛んに行われたらしい。わが国のあらゆる食類を集めて解説している、人見必大《ひとみひつだい》の『本朝食鑑』でも、「鶏」を紹介しているが、ここに書かれていることが、当時のニワトリに対する意識を代表しているようなので紹介すると、

ある人が野人に問うて「鶏には文・武・勇・仁・信の五徳がそなわり、（中略）文王は鶏の初声に安を問い、孟子は鶏鳴より善をつとめることをすすめている。してみると、賢者の愛すべきものが、今では村々家々の家禽となっている。これはどういうわけか」と尋ねた。野人の答は、「（中略）民間で飼養《やしな》う場合には、三利ある。一つは（中略）但《ただ》、鶏鳴によって時

を知ることができる。二には、場庭に漏脱して土砂に混じってしまった穀萩（穀物や豆）を、但鶏がついていてすっかり食べてくれる。三には、鶏を多く養畜していれば、卵を生むのも多いので、時どきは市に販売し、不時の利が得られる。以上の三つが民間にとっての利益である。」

として、肉を食用にするとはいっていない。

いずれにしても、鶏肉を目的に飼われるということは決してなかったということは確かであろう。というより、動物にえさを与えて肥育し、これを食べるという発想がそもそも存在しなかったというべきだろう。

腹をいっぱいにするためには、穀物をそのまま食用にするほうが、はるかに効率的であったことは言うまでもない。江戸時代の人々が、このようなエネルギー効率を意識して、畜産を行わなかったのかどうかは私にはわからないが、魚にしろ鳥にしろ、そして少ないとはいえ獣類についても、一貫して自然に繁殖しているものを捕らえて食用にしたことは、大原則である。

メンドリは玉子を生む。これをありがたく利用したことは、玉子料理が普及していたことからもよくわかるが、鶏肉を生産するために、効率的にえさを与えて、商品にしたということではなく、あくまでも玉子の「副産物」の範囲を出ないものであったらしい。

今のように、ニワトリが一羽ずつ狭いカゴに入れられ、非鳥的に玉子生産機にされているのではなく、あたりをかけまわり、ミミズをつつき、結果として玉子を生む、といったところだろう。ニワトリが「玉子生産機」になる以前は、玉子は随分と貴重なものであったことを覚えておられるかたも多いだろう。病気のお見舞いに、だいじにもみ殻の中に並べられた箱入り玉子を贈ることが、第二次大戦後もしばらくは続いていた。

オンドリはやがて鳴かなくなり、メンドリは玉子を生まなくなる。すると飼い主は、近所の神社などにそれを捨てた（奉納した）らしい。

根岸鎮衛《ねぎしやすもり》の『耳袋《みみぶくろ》』に、

浅草観音堂前には、所々より納むる鶏鳩などおびたゞしく、参詣の貴賤米大豆などをと、のえ、まきて右鶏に与えけるなり。天明五年師走の事なりしに、大部屋中間《ちゆうげん》のたぐいなりしや、脇差しをさし看板一つ着したる者、右鶏を二つ捕らえ、しめ殺して持帰らんとせしを、境内の楊枝みせそのほかの若きものども大勢集りて、「憎き者の仕業なり」とて、衣類下帯までをはぎ取り棒しばりというものにして、右衣類を背に結びつけ脇差しも同じようにして、殺せし鶏を棒の左右につけて、大勢集りてはやしたて、花川戸の方まで送りしよし。

（巻の二「浅草観音にて鶏を盗みし者の事」）

とある。

神社に捨てられたニワトリは、子供たちや通りがかりの人たちに餌をもらい生き永らえた。もちろんイヌに食べられるとか、不遇の一生をとじるニワトリもあったことだろうが、どうも玉子を生まなくなったから、すぐにつぶして食べてしまおうというようなことは少なかったようだ。

玉子は家庭や料亭などで使うほか、ゆで玉子売りも江戸市中を巡っていたらしい。『柳亭種彦日記』（文化七年〈一八一〇〉）に、

夜四ツ（十時）過ぎ、帰路に六十すぎのヨボヨボした老人が玉子を売っていた。夜はしだいにふけ雨さえふって、呼ぶ人もないのに歩くのは、売りつくさなければ明日の食べ物もないのだろう。買おうと思ってふところをさぐると、銭がなかったのでどうしようもない。遠くに離れるほどに、玉子々々という声がかすかになってゆく。ますますもの哀しい。いかほどの銭を得ようと、あのように苦労しているのだろう。銭があってもやたらに使うまいと思ったが、明日になったら忘れてしまうのだろうか。

といった、悲しげな光景が語られている。

家鴨のススメ　玉子といえば、元禄年間（一六八八―一七〇四）に書かれた宮崎安貞の『農業全書』には、ニワトリのこともちろん書いてあるのだが、特に「家鴨《あひる》」を奨励しているのが印象的である。

他の仕事のできない下人や童などが、（村には）あるものだから、これらに餌を集めさせ、朝夕の出入りを守らせたらよい。この外、その者が少しは出来るような事をさせれば、その

食い代《しろ》は必ずあるもので、採れた玉子は利益になる。一鴨一年に百五六十の卵は産むから、百羽の雌鴨の卵でおよそ一万五千、値段が安くても、一貫目余りはあろう。三分の一は飼料代としても、十分な利潤だろう。池や沢が家の近くにあれば、才覚のある人はなるべく多く飼うとよい。手足の不自由な者、農作業がきつく力仕事が出来かねる者に、守り飼わせたらよい。第一に、その者の困苦を助け、慈悲にもなるのだ。

小さな共同体の中で、身体の丈夫なものも弱いものも、老人も子どもも、助け合っていかなければ、暮らしがたちいかないという貧しい社会ではあったのだろう。しかし逆に、村のすべての人が、何らかの役割を目に見える形ではたす―はたしていかなければ生きていけない社会は、その中にいるすべての人に、それなりの「場」をあたえていたのもまた事実なのであろう。

それは、ここにあげた村だけでなく、江戸のような都市であってもおなじで、米・味噌をはじめとして、こまごまとした日用品の貸し借りや、お皿に布巾《ふきん》をかけて、ちょいとお隣へのおすそわけなど、温かい交流がなにげなく行われていたのである（もちろん、このような近所づきあいは、「隣の冷蔵庫のなかみ」まで知ってしまうようなつきあいだから、今の私たちにはとても耐えられない世界なのではあろうが）。

なお安貞は、同書の中で、鯉《こい》と鮒《ふな》の飼育も勧めていることをそえておきたい。

鴨の輪切り

さて、鳥類の中でもっともたくさんみつかるのは、当時の記録に見えるとおり、やはりガン・カモ類である。記録では、一羽まるごと羽根つきで取引され、これをご馳走として食べた様子をよくみかける。しかし発掘でみつかった骨では、手羽やももなど、肉のついている部分がほとんどで、あばら骨や頭の骨はみつかっていないという。どのような形で家庭にもちこまれ、料理されたのか、具体的な様子は私にはわからないが、明和五年（一七六八）に刊行された清田《せいた》儋叟《たんそう》の『孔雀楼筆記《くじゃくろうひつき》』に、面白い記事がある。

図10　カモの骨を叩く

本図は吉原の台所での様子だが、一般の家庭でもこの料理はよく行われた。「うら店の鴨納豆と見さげられ」（『誹風柳多留』四三編）のように、貧しい裏店では納豆を叩く音と間違われることもあった。芝全交『（女郎誠心）玉子の角文字』より。

亡友の武田梅竜は、尾張で教師をしていたが、冬のころ緑頭鳧《まがも》を送られた。その日、梅竜は外で講義があった。家来一人を伴い、もう一人の家来を留守番にした。留守の家来に命じて、

「鳧《かも》を羹《あつもの》にしておけ。お前が鳧を料理できなければ、誰かに頼め」

家来答えていわく、

「どうして人に頼むことがありましょう。私が上手に料理します」

夕方に帰宅。

「鳧は煮えたか」

「とてもうまく仕上がりました」

と家来がいったので、いそいそと明かりをつけ、夕食に向かった。汁器の蓋をとり、まず汁を吸うと、なにやら血なまぐさい。見れば鳧肉がなく、魚が入っているようにみえた。

「鳧の羹を言いつけたのに、なぜ鳧を煮ていないのか」

家来が答えて、

「まさしく鳧を煮ました。ほかのものではございません」

明りの下で、よく見ると、毛を抜いただけで、輪切りにして中に入れてあった。

この親友の体験が、よほど面白かったので記録に留めたのであろう。したがって、このような、まるで魚の煮物のような調理が、一般的に行われていた、などと言うつもりはないが、鳥が（魚も同じであるが）切り身で売られているわけではなく、丸ごとで贈答品などとして送られる当時であれば、やはり、かなり珍しい到来物として喜ばれた反面、料理にもずいぶんとてこずったろうことが偲《しの》ばれるのである。

さて、このように珍しい到来物として珍重された鴨などの鳥であるが、江戸時代を通じて、これを狩ることが勝手次第であったわけでは決してない。「生類憐《しょうるいあわ》れみの令」が出された徳川綱吉のころはもちろんだが、それ以後も結構狩猟制限の令があったようである。

例えば、享保三年（一七一八）七月には、鳥が少なくなったとして、鶴・白鳥・菱喰《ひしくい》・雁・鴨は、なま鳥と塩鳥（鳥の塩漬け。当時は冷蔵技術があるはずもなく、保存するためには塩に漬けこむのが唯一の方法であった。人間が死んだ場合にも、死因に不審があるとか、家族の到着を待つとかの必要にせまられた場合には、塩漬けにして保存している。例えば、尾張藩士朝日重章の『鸚鵡《おうむ》籠中記』元禄三年十一月の項では「平田屋惣助方へ土佐国の者巡礼に来たり死す。惣助方より土佐へ飛脚遣わし、返事の内戸塩淹《しかばねしおづけ》にす」とある）を問わず、三年間は幕府に献上しなくてよいとされた。同時に、江戸市中では三年間にかぎり、鳥問屋十人を定め、

鳫《がん》・鴨はもちろん、小鳥・飼鳥に至るまで、右の者以外は鳥商売まかりならぬ。

（『享保通鑑』）

とし、売買される鳥の数も、厳重に管理下においたようである。

しかし、十八世紀も後半になると、鳥の売買はずいぶん盛んになっているようで、池田正樹の『難波噺《なにわばなし》』には、

備後町筋に鳥屋軒をならべ有。此節ハ鶴、鴈、鴨、鶏、雉子《きじ》、鳩、鳶《とび》専ら、其外小鳥、獺《かわうそ》の類も有。右鶴ハ鮮《なま》も塩《しお》もあり。また切売にせり。足もうれり。平日も足ハあれども鮮の足ハ冬のみあり。

と、大坂の鳥屋のにぎわいを紹介している。またこの中で正樹は、江戸では禁止になっている（＝やみで取り引きされている）ツルが、こちらでは堂々と売られていることに驚いている。

文化十一年（一八一四）に刊行された、式亭三馬の『浮世床《うきよどこ》』には、

「青首（マガモの雄―著者註）が一羽残った。元直《もとね》にうるから買《かわ》ねへか。」

（中略）

「おいらにはかしはめん鳥が相応だ。」

「元直が六百だ、五十損をして五百五十《めなら》にしてやらう。」

とあり、マガモの雄一羽の元値が、六百文ほどであったことがわかる。さらにかしわの雌鳥ということばも出てくるから、このほうが安く出まわっていたらしいこともわかる。

ついでに、おなじ『浮世床』に、「ももんじい（獣肉）を百匁《もんめ》買う」というようなことも書いてある。

一《ひと》さすりさすつて鳥の値を付ける
一羽づつなでて使ひは台へつみ
手を取つて子になでさせる鴨のはら

いずれも『誹風柳多留』に収録されている句である。「さする」とか「なでる」との表現から、今の鶏肉のような、単なるたんぱく源としての扱いではなかったろうことが、よくわかるのではないだろうか。

それでは、このカモなどの鳥は、どのようにして江戸の住民に供給されたのだろう。さまざまな方法で捕獲され、江戸住民の口に入ったのだろうが、その供給源の比較的大きな部分を占めていたものの一つに、幕府公認の「御鷹餌鳥請負」があったようだ。

『風俗画報』十三号によせられた、月地寓風片生の「餌《え》さし」という一文によれば、鑑札《かんさつ》を持った餌差―鳥差しが、江戸とその近郊で鳥を捕まえていた。幕末まで餌差の携帯していた鑑札には、「寛政二年（一七九〇）二月大改《おおあらため》」とあり、このとき東国屋伊兵衛（日本橋小田原町）と伊勢屋伝兵衛（和泉橋通裏）の両人が請負人となる。この時に下附《かふ》された「餌鳥焼印札」が八百三十六枚だから、最大でこの数の餌差がいたことになる。

もともと「御鷹餌鳥」というぐらいだから、幕府の飼っていた鷹狩り用の鷹の餌を捕まえることが目的である。だから、餌差が鑑札を受けるときに、会所にだす証文に、「一、御餌鳥の類、脇売一切仕間敷候、無遅滞荷物差出可申事」（捕まえた鳥は、一般に売ることはせず、すぐにお届けします）とある。しかしこれでは餌差をしている意味がないのは明らかで、実際には、獲物の一部を会所に納め、他は自由に「脇売り」をしていたらしい。鑑札が八百枚以上作られていたのだから、市中に出まわる鳥の数も、相当のものだったろう。

ただし、鳥を捕獲して良い場所や、時期は厳しく制限されており、また、捕獲してよい鳥の種類もかなりの制限があった。特に「鶴と白鳥」は所と時を問わず一切禁止だったという。だから、大坂ではツルが堂々と売られていることに、『難波噺』で池田正樹が驚いているのである。

さて、発掘の所見に帰ると、このガン・カモ類のほか、ハシボソカラスの骨にもやはり切り落とした痕があるという。まさか食用にはしないだろうということから、イヌなどに与えたものとしている。

愛され、恐れられた犬

哺乳類では、イヌとネコの骨が多くみつかっている。このうちイヌは当時の記録にもよく見られるもので、たとえば菊地貴一郎の『絵本江戸風俗往来』（明治三十八年）には、

この頃（十一月）は飼犬の子を産する時節にて、犬の多き市中、武家・町家・寺社の別な

く、児犬の二、三匹ずつチョロチョロと這い廻りける。（中略）当時犬は夜を守らしむるに、飼い用いたり。しかるに児童等この犬をけしかけて咬合《かみあい》をなさしむ。（中略）すべて江戸の犬は愛嬌ありてたくましく、よく人に馴《な》れたり。（中略）

都中何《いず》れの所にても、犬の子を産するや、児童寄り集まり、小屋を作りて雨雪を避けしむ。なおまた食類を持ち来たりては母犬に与えて乳の養いとなす。町家にては自ら余地なき処《ところ》は、総雪隠《せっちん》（共同便所）の後地、掃溜《はきだめ》の隅などへ小屋を作れり。

と、市民にずいぶんと愛され、なれ親しんだようすが描かれている。その半面、野犬に悩まされた人も多かったらしく、同じ『絵本江戸風俗往来』に、

江戸市中、夜半過ぎの通行に四害あり、第一は試《ため》し切《ぎ》りとて中国筋の武家方、人を傷つく。第二は物取りの賊。第三は酔漢《なまよい》。第四は犬の吠え付くなり。（中略）

犬の吠ゆるは犬多き江戸町のこととて、古人のいう言葉の如く、一犬吠ゆる時は万犬これに倣《なら》うにて、犬あやしと覚え、臥《ふ》したる首を擡《もた》ぐるや直ちに吠え始む。近隣の犬、皆これに倣い、末は数丁四方より吠えたつ。万一これを防がんとて石など取りて投げ打てば、いよいよますます盛んに怒り、足許へ駈《か》け来たり嚙《か》みつく。行く先ゆく先、皆犬共《いぬども》のあらん限り吠えけるは、実に力つきてただ恐るべきなり。

と、その恐ろしさを、辻斬りや強盗とならべていきいきと描いている。

「生類憐れみの令」の出ていた元禄時代であればいざしらず、この記録ははるかにあとの幕末の話である。今であればすぐに保健所に通報して、捕獲してもらうところだろうが、特に対策をたてたようすもなく、何とも大らかなものである。また、江戸の街中を描いた種々の絵画で、イヌが放し飼いで遊んでいるのは、私たちがよく目にするところだろう。幕末から明治にかけて活躍した勝海舟《かつかいしゅう》も、こどもの頃イヌに下半身を咬まれ、傷口を縫ってから二ヵ月以上も起きあがれなかったという（勝小吉『夢酔独言』）。

ネコについては、怪談にもよく登場し、絵画あるいは左甚五郎の彫刻など、愛玩動物として普及していたことは改めていうまでもなかろう。

さて、この数多くみつかっているイヌとネコであるが、骨に切断した跡のあるものはみつかっていない。逆に全身の骨格がそろってみつかることが多いから、死んだ時にそのまま埋葬したものと考えられる。

といって、まったく食べなかったのかというと、これは何ともいえない、としかいいようがない。平時《へいじ》は食べなくても、いよいよ腹がへれば、人は生きるためになんでも食べるだろう。江戸時代は今にくらべて格段に「いよいよ腹がへる」機会が多かったろうし、また腹がへる階層が多かったろうということはいえるだろう。さらにいつの世にも、人の食べないものを食べてみようという好奇心の強い人はいるものである。

寛永二十年（一六四三）に書かれたという『料理物語』（作者不詳）には、「獣の部」の中に、鹿・狸《たぬき》・猪《いのしし》・菟《うさぎ》・川うそ・熊とならんで、イヌの料理として「吸い物、貝焼き」が堂々とあげられているから、綱吉以前には、けっこう普通の食材として食べられていたのかもしれない。天下の悪法といわれた「生類憐れみの令」は綱吉の死後ただちに廃止されたが、この法が施行されていた二十年ほどのあいだに、日本人の食習慣に大きな変化がおこったのかもしれない。

とまれ、江戸時代をとおしてみれば、イヌやネコはあくまでも愛玩用として飼われており、その点、場合によっては食べることもあったニワトリとは事情がことなるということで、これが一橋高校の発掘の結果にもあらわれているのだろう。

図11　子どものアサリのむきみ売り
式亭三馬『浮世床』より

子どものむきみ売り

貝類では、アワビ、サザエ、バイ、アカガイ、サルボウ、ハマグリ、アサリ、シジミなどがみつかっている。その数は報告書に書かれていないが、数の多い順にならべると、アサリ・ハマグリ・サルボウ・バイ・

サザエ・アワビの順になるらしい。

『浮世床』の挿絵に、アサリのむきみ売りの子どもが描かれているのは、よく知られているが、『守貞謾稿』に、

　むきみは蛤《はまぐり》、あさり、ばか、さるぼう等の介殻《かいがら》をとったものをいう。江戸深川にこの介《かい》(貝)を漁するものが多い。介殻を取らないものを、から蛤、からあさりなどという。(中略)から蛤では、空《から》蛤というのと同じで、殻だけで身を取ってしまったように聞こえるが、皆このようにいっている。また、ばかの柱を賞味し、身より柱が高い。また貴人もこれを食べる。江戸では蛤以下の介を総称して、貝蔬《かいそ》という。(中略)京坂では(中略)蛤はあるが、あさり、ばか、さるぼうはない。鳥貝、赤貝などは三都ともにある。蛤の値段は京坂が高く、江戸が安い。江戸では小蛤が一升二十文ぐらい、京坂は五、六十文から百文。しかし、京坂には蛤のむきみはない。

　蠣《かき》は三都ともにある。これも江戸が安い。大坂湾では蠣がとれないので安芸国《あきのくに》から運んで大坂で売る。(中略)京坂も蠣はむきみにして売る。値段は一升二百文。

　京坂は総じて貝蔬が少なく、江戸がとても多い。

　蜆《しじみ》は、京坂では貝のままで売ったり、石灰を交《ま》ぜて煮て殻をとって売るのもある。これをみしゞめという。江戸では殻を取った蜆は売っていない。

と、貝類がどのように江戸や京坂で売られていたかが詳しく紹介されている。これによれば、アサリやハマグリはずいぶんむき身にして売っていたようだが、発掘で貝殻がたくさんみつかるので、「から蛤」「からあさり」（空ではなく、殻つきの貝）も結構売っていたことがわかる。バカガイはこの発掘ではみつかっていないようだが、ほかではみつかることも多い。しかし、『守貞謾稿』によれば、バカガイは、身より貝柱が珍重されたというから、実際に食べられた分量にくらべ、貝殻がみつかる率が少ないのかもしれない。

また、カキに限らず、アサリ、ハマグリ、サザエ、アワビなど、発掘でみつかる貝殻の大きさは、印象としては今のものとくらべとても大きいような気がする。深川など江戸前（江戸のすぐ目の前というほどの意味）でこれらの貝のすべてが採れたかどうかはわからないが、『守貞謾稿』に、京坂では貝が少なく、江戸では多いと書かれているように、東京湾はきわめて豊かな漁獲量を誇った海であったのだろう。

しかしこれも、江戸時代でも比較的早い時期に、すでに、「近頃は江戸湾の魚をすっかり取り尽くしてしまった」という記録もあって（三浦浄心『慶長見聞集』「東海にて魚貝取尽す事」）、大都会の食欲は、今も昔も変わりないという思いを強くするのである。

このような、江戸における大量の鮮魚の需要に対応して、近海から船ではこばれる魚にくわえて、陸路で鮮魚をはこぶ努力も続けられた。

例えば、慶安年間（一六四八―五二）にはすでに、銚子《ちょうし》湊《みなと》から利根川を舟で遡り、手賀沼からは陸路（馬）で運送していたという。この経路は（種々の利権争いがからみながら）微妙に変化しつつ、明治になるまで続いたようだ（『木下《きおろし》街道・なま道』千葉県教育委員会）。銚子を発ってから三日目の未明には日本橋の魚河岸《うおがし》に届けるというから、当時としては大変な苦労であったにちがいない。

植物性食物

さて、ここまでは動物質のものばかりを紹介してきた。当然「ヒジキに油揚げ」は入っていないのだが、植物質の食物もわずかながらみつかっている。これは、果実や種子を分析した結果であるが、そのうち食用になりそうなものをならべてみると、米、オニグルミ、山椒《さんしょう》、ウメ、モモ、マクワウリ、スイカ、カボチャ、ナス、ビンロウジ（熱帯性のヤシの一種、漢方薬や染料として使われる。日本では戸外では育成できないという）などがみつかっている。

もちろん、地下からみつかるものは、種のような比較的に腐りにくいものだけで、植物質のものでもイモ類や大根などの根菜類、また海草などは、ほとんどわからない。

これに反して、実際に食べていたのは植物類が主だったのだから、発掘したものによって実際の食生活を全て復元するのは不可能だし、よほど注意しないと、実際の生活とはずれたものになってしまうだろう。

図12　羽子板と振々

女の子の正月遊びが羽子板なら、男の子の遊びは振々だった。北川春成子『扁額軌範』（吉徳資料室所蔵）より。

図13　はご板師

羽子板とともに振々を作っている。『人倫訓蒙図彙』より。

いずれにせよ、季節々々の野菜や果実を、棒手振《ぼてふり》（行商人）が売りにきて、値段の交渉をしながら買い求めたようだ。また、たんぱく質は魚以外には、豆類が重要な役割を果たしており、煮豆などにするほか、納豆や豆腐が売り歩かれていた。

ただ、地下からみつかった植物の種の中で、一つだけ気にかかったのはマクワウリである。これは、今でこそ八百屋の店頭からまったく姿を消してしまったが、私の子供の頃は、おやつとして重要な位置を占めていたように思う。

根岸鎮衛《やすもり》の『耳袋《みみぶくろ》』に、

　夏のことなりしが、その親へ瓜を食いたい由を申しけるを、後に調え与うべしといいて過しに、暫く過ぎて瓜商人来りしを呼びて値段を付けしが

とあり、夏の風物詩として捨て難いものであった。

今ではもっとずっと甘いメロン類にすっかり追い払われてしまった感があるが、ある農家に聞いたところ、自家用にはまだ栽培しているとのこと。あのほのかな甘みをもう一度食べてみたいものだが、かえってそんなことが贅沢になってきているのだろうか。

　ふりふりのなりにむきたる真桑瓜《まくわ》　六月よりも思ふ正月

寛永末、一六四〇年代に編集された『毛吹草』より。原文は前後逆。真桑瓜は六月（夏）の季語。

ふりふりは正月の男の子の遊びの毬打《ぎちょう》の道具「ぶりぶり玉」のことである。真桑瓜を丸のままにむくと、このぶりぶり玉と同じような形になる。

みつかる道具

文房具——硯がじがじ、穴のあくまで

文房四宝

鉛筆やボールペン、そして近頃はワープロの普及で、ほとんど駆逐《くちく》されてしまった感もあるが、文房四宝といえば、筆・墨・紙・硯《すずり》であることは、あらためていうまでもないだろう。

このうち発掘でみつかるものはほぼ硯に限られる。地中で腐るものは、よほど条件が良くないとみつからないし、墨は消耗品である。

したがって、文房具といっても硯だけの話になってしまう。

書道がまったくの趣味の世界になっている現在では、硯石といえば、端渓《たんけい》など中国からの輸入品がもてはやされる。しかし江戸時代は（もちろん趣味の道具もあったことではあろうが）実用品として大量に消費されたから、そのようなことは言っていられない。そのほとんどを国産でまかなう他はないのである。

名産硯目録

では、江戸時代に国産品としてどのような硯石が使われたか当時の記録で見てみよう。

徳川幕府が始まってまだ間もない、寛永十五年（一六三八）にまとめられた『毛吹草《けふきぐさ》』（貞徳門下の松江重頼が著した俳諧の参考書）の巻第四には「諸国ヨリ出ル古今ノ名物」が列挙してある。この中で硯石の産地を見てゆくと、近江の高嶋、美作《みまさか》の高田、土佐の西寺御崎《みさき》、陸奥のヲガチ、長門の下関、豊前《ぶぜん》の文司《もじ》関、などがある。

高嶋と下関の硯については、後でふれることにして、土佐と陸奥の硯石には、おもしろい割注が書かれている。

まず陸奥のヲガチ硯石については、

三月三日、大塩に取之《これをとる》。

とあり、土佐西寺御崎の硯石では、

三月三日、塩干に海より取るなり。時刻に（その時）西寺の僧、経《きょう》を読誦するなり。

とあって、海中の石を大潮の日の干潮時に採るようすがうかがわれる。

江戸湾でもこの三月三日（旧暦。現在の暦だと四月上旬頃）は最も汐《しお》が引くため、毎年、潮干狩りが盛大に行われた。品川の海などは、たくさんの舟も出て、ずいぶんと賑ったようだ。

硯ではないが、肥後の天草砥石《といし》についても、

海に之あり。

と書かれており、海のなかの岩石が利用されていたらしいことがわかる。旧暦の三月三日ころが、一年のうちで、もっとも汐が引き、石を掘りだしやすいのだろう。しかし、土佐の「僧が経を読誦する」というのが、どういう意味なのかは、私にはどうにもわかりかねる。

さて、狩野永納《かのうえいのう》の『本朝画史』（延宝六年〈一六七八〉序）には、

紫石、古くから使われているものは長門下関産が上品だ。しかし近頃は良くないものが多い。よって今は若狭宮川産がよい。

青石は古くから近江高嶋と洛西嵯峨のものがよい。

と、長門や近江の石が紹介されている。長門下関産の紫石というのが、『毛吹草』に見える下関の紫硯なのであろう。

大坂で生涯を趣味に生きた大枝流芳《おおえだりゅうほう》が、宝暦年間（一七五一―六四）に刊行した『雅遊漫録《がゆうまんろく》』には、

うるわしくよい硯は雅人の清玩だから、ほかはさしおいてもこれは良いものを選ぶべきだ。用にかない、その形も雅なものがよい。あまり形が奇異なものは、使い勝手がわるい。（中略）ただ潤いがあって水をかわかさないものをよしとする。

として、近江の高島（青色羅文）、長門の赤間関（紫色又青色、青が貴い）の石を筆頭にあげている。さらに播磨の赤石（明石の海底にある赤い石）、若狭宮川、山城嵯峨の清滝、常陸の鹿嶋、土佐の海石などが、硯石としてすぐれているとする。

また趣味人らしく、「和州橘寺旧瓦」「江州志賀都旧瓦」と「筑紫都府楼瓦」が硯の材料として優れているとしている。同書に描かれている瓦硯を見ると、丸瓦の凹面に丸い凹みを作って硯にしているようだ。古代の寺院や宮殿に葺かれた瓦は、今の黒く焼きしめた瓦とくらべて、やや軟らかいが、墨をするのには、丁度《ちょうど》よい硬さだったのだろう。

藤貞幹《とうていかん》の『好古小録』（寛政七年）では、

今石材は方々に出て乏しくない。なかでも土佐、石王子、雨端《あまばた》の類がよい。

としている。ここに揚げられている各地の石をあげれば、

土佐、海石、石に銅鉄の入らぬものがよい。石王子、丹波、銀紋がうるみやすいのはよくない。雨端、甲斐、奥山端山の二種があるが、奥がよい。鳳足、若狭、上材は得がたい。月輪、山城、古硯に絶佳《ぜつか》なものがある。高雄《たかお》、山城、同上。高島、近江、同上、新坑に上材があるが堅くない。日光石、日光山、深黒色で上材だが至って堅い。桜川、上野沼田。寒水・島寒水、並常陸。黒山、陸奥、堅緻なものが得がたい。金鳳石、三河。養老、美濃。内山石、豊後、いずれも上材は得がたい。高田、美作、古硯に良いものあり。加茂川石、山城。高野川石、山城。鏡石、伊勢、俗に

笹瑪瑙《めのう》という。二見石、伊勢、白浜に似て柔らかい。白石、肥後。白浜石、紀伊、これらは皆硯石ではないが、好事家はわざわざ使う。高浜、肥前、まれによいものがある。木葉石、越後や他の諸国、堅いものはなく本来硯石ではない。高山《たかやま》石、備後。赤間関、長門産、豊前からも同じものが出る。世間に広く普及しているが、硯石としては粗品である。

と、博物誌の第一人者としての蘊蓄《うんちく》を披露している。またこれらの石材とともに、『雅遊漫録』と同じように硯に利用できる古瓦として、滋賀宮、平安大学寮廃址《はいし》黒料瓦、太宰府廃址瓦をあげているが、「このほかに、古い仏刹《ぶっさつ》の屋瓦にも使えるものがあるだろう」としている。

もともと、日本の古代では、国産の石硯はまれで、発掘でみつかる硯のほとんどが焼物（須恵《すえ》器《き》窯で焼かれた「円面硯《えんめん》」や「風字硯《ふうじ》」、あるいは、食器の蓋を逆さまにして使う例も多い）であった。このような伝統が、国産の石硯が普及したのちも、文人の間で焼物の硯に対する愛着を持ち続けさせたのかもしれないし、また古跡からみつかる瓦が彼らの好古《こうこ》趣味を満足させたのかもしれない。

また、橘南谿《たちばななんけい》の『西遊記』（寛政七年〈一七九五〉刊）二之巻「冷暖玉」に、

赤間関の硯石は世の人の皆知るところだ。土佐にもこの石に似たものがある。色が青いものが上品。赤間よりは細密で潤沢だ。しかし目がこまかすぎて、小硯にはよいが、大文字などの書用には墨が摺りにくい。

とあり、同じ南谿の『北窓瑣談《ほくそうさだん》』にも同じような、硯にかんする蘊蓄が、かたむけられている。

さて、やや時代があとになるが、江戸牛込在住だった大田南畝《なんぽ》の『一話一言』に、「京師硯匠名石目録」が納められている。

これには、丹波、美作、土佐、若狭、三河、紀伊、仙台、常陸、駿河、肥後など各地の石と、長門赤間石、近江高島石が紹介されており、全国のかなり広い地域で、硯に使える石が生産されたことがうかがわれる。

これらの記録を見ると、各地で産する硯のうちでも、特に高嶋（近江）と赤間（長門）の石が多く使われていたようであるが、その評価は、人によって必ずしも一致していないことがわかる。また、高嶋と赤間以外で注目されるのは、熊野の「那智黒《なち》」である。この石は今では碁石の黒石としてよく知られているが、江戸時代には硯としても重宝していたらしい。

近江高島の硯生産

これらの「国産」硯の産地のうち、発掘でみつかる数が多く、比較的よく調べられているのが、近江の高島硯である。

現在の滋賀県高島郡高島町、安曇川《あずみ》町、朽木村一帯にまたがる、阿弥陀山（標高約四五四メートル）からとれる粘板岩で、天正年間（一五七三―九二）に、中国産の硯によく似たものとして、発見されたと伝えられている。

この阿弥陀山周辺の粘板岩も、採れる位置によって品質が微妙に違ったらしく、北面で採れるものを「虎斑《こはん》石」、南面で採れるものを「玄昌《げんしょう》石」といって珍重し、他の場所で採れるものは「並石《なみいし》硯」としたらしい。

　高島硯が全国区のブランド品となったのは意外と後になってからのようで、京で文人と交際が深かった中江千別（通称硯屋久右衛門）が、文政年間（一八一八―三〇）に家業の農業の暇な時期に硯を行商したことによるといわれている。明治時代になっても、その勢いは衰えず、大正四年（一九一五）には「御大典奉祝」の際に高島硯が献上の栄誉によくしたという。

　阿弥陀山周辺の、硯生産地の中でも、特に五番領村が生産量が多かったようで、

　　奉公するとも五番領に行くな、夜の夜中もゲシゲシ

という俗謡が伝えられていたという。

　このゲシゲシに注目すると、夢中楽介《むちゅうらくすけ》の『通人三国師』（天明初年〈一七八一頃〉）に、

　　長さん、がじがじはどこにありやす。
　　ソレその向ふの棚の上、棚の上
　　こゝにはなし地の硯箱、……

とあり、硯のことをがじがじと呼んでいたことがわかる。

　これを引用した山中共古《きょうこ》は『残蒟蒻《こんにゃく》』（大正十年）のなかで、

　　がじがじは墨する音より、硯箱を云へることとなるが、此頃は当り箱とは云はぬと見ゆ

といっている。

この二つの例から、硯はそのする音から（または作るために磨く音から）「ゲシゲシ」とか「がじがじ」とも呼ばれていたことがわかるのである。今私たちが電子レンジを使うことを「チンする」というのと同じことだろう。

江戸時代から明治・大正期にかけて大量に生産され流通した高島硯も鉱脈を掘りつくしたようで、今国産硯として出まわっているものは山梨県の雨端産のものが多いようだ。

さて、地下からみつかる硯である。

みつかる穴のあいた硯

地下からみつかる硯は、ほとんどすべてが実用品であることはすでに述べた。家に備えつけのやや大きなものから、携帯用のものまで、大きさはさまざまであるが、そのほとんどが長方形のごく単純な作りのものである。硯を見て、石の産地を見分けるのは、私にはできないが、中には「高嶋硯」などと、釘のようなもので書かれているものもいくつかみつかっている。釘で書かれた文字は、彫りも浅く字も稚拙《ちせつ》なように私には思える。産地で書いたものもあるのかもしれないが、どうも、所有者が手《て》慰《なぐさ》みに自分で硯の裏に書き込んだものも多いような気がしてならない。高嶋硯と書かれた横に、所有者らしい名が彫り込まれたものもあるのである。

今では、書道家など一部を除いて、硯を日常的に使うということは、まあないだろう。小学校

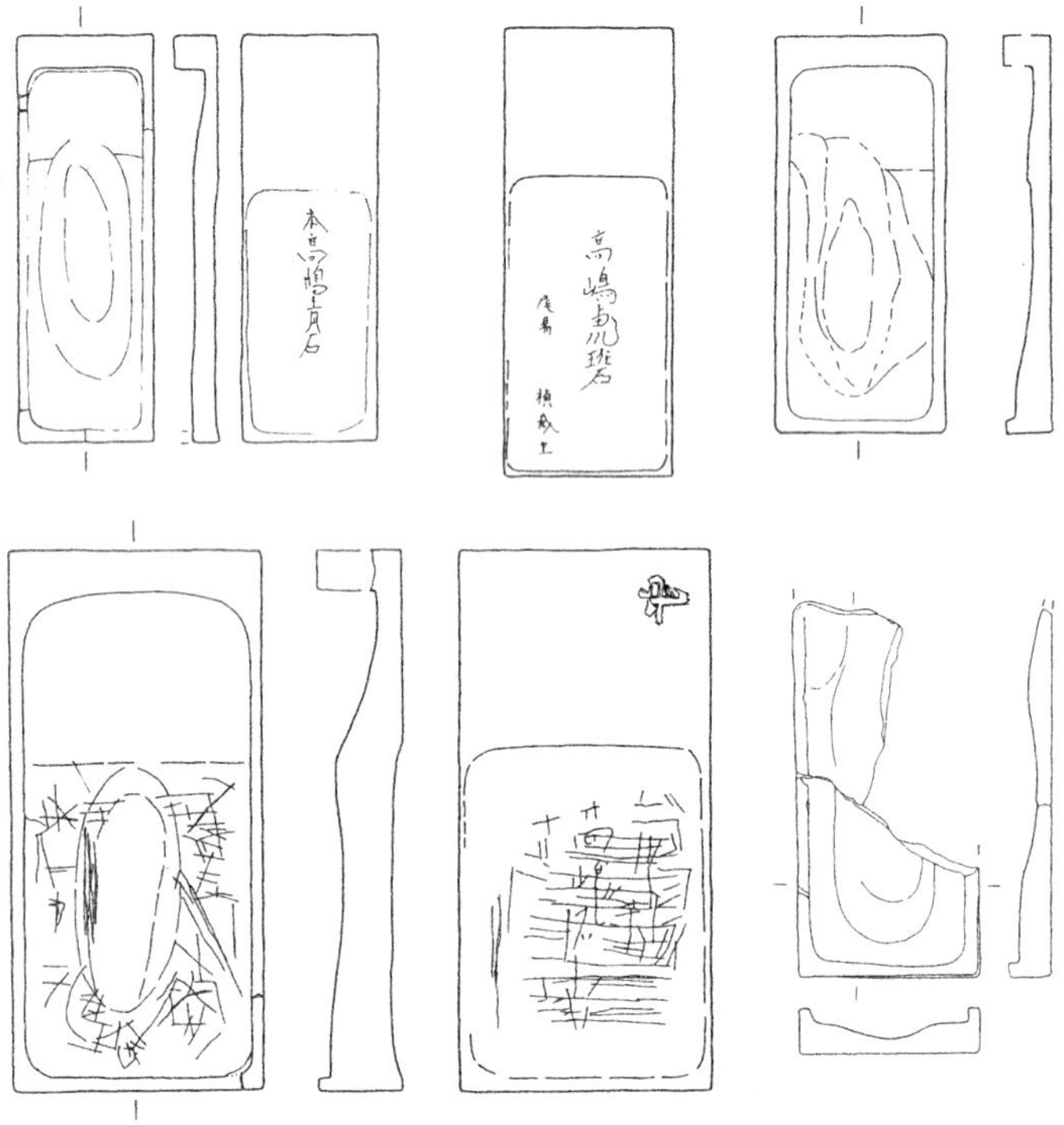

図14　発掘でみつかった硯

硯面中央の楕円形の線はすり減った部分。上段中央の硯には「高嶋虎斑石」、左の硯には「本高嶋青石」の字が刻まれている。また、下段左の硯の裏面には、ややわかりにくいが「高嶋スズリ」とも読める線刻が認められる。東京都真砂遺跡出土。

などで書道の時間に硯を使っても、時間の節約のために墨汁を使うことが多いようである。

ところが、江戸時代では、硯は日常の必需品であったから、使う人はそれこそ「日暮らし硯にむかひて」いたことであろう。墨はもちろん墨汁ではない。となるとどういうことになるか？

実は、発掘でみつかる硯で、きわだって特徴的なことは、硯が極端に使い込まれて、ついには硯のうらまで突き抜けて、穴のあいているものも多いということである。

御存知とは思うが、硯で墨液をためておく部分を海、墨をすったり、筆先を整えたりする部分を陸という。その陸の部分の中央が、船の底の形に、みごとにすり減って、穴があくまで使っているのである。まさに「がじがじ」と、力まかせに擦り続けたという感じである。

『誹風柳多留』に次のような句がある。

継《まま》ッ子の硯の岡は薬研《やげん》ぼり　（五〇編）

舟をさすやうに硯を削るなり　（八六編）

へこんた硯摺墨の溝鉋《かんな》　（別編下）

初めの句は、継っ子には、古くなった硯をもたせるという意味だろうし、二番目は舟で竿をさすように墨をすっている様子、三番目は敷居の溝を鉋で削るような墨づかいを表現している。

私自身、硯を使うことはほとんどないので、偉そうなことはいえないが、もっと、陸の部分全体を使って墨をすれば、このように真ん中に穴があくことはないのに、と思うのだが、どうも中央に穴があいている、あるいは、中央だけ極端に薄くなっている硯が、とても多い印象をうけるのである。

誰が一番早く穴をあけられるか、などという競争でもあったのだろうか？　まさかそのような馬鹿なことをするとは思えないから、特に意識もせずに使い込んだ結果、穴が開いたとしか考えられない。

もっとも帳面づけなどで墨をする場合、今私たちが書道で字を書くときのように、大量に墨を使うわけではないだろう。ほんの少しで用が足りるのだから、陸の中央に水を数滴たらし、墨を摺ることをくり返せば、そこに縦長の溝ができるということだろうか。

諸国の名産の硯の優劣を論じている好事家は別として、普通の場合、さほど値のはらない硯を、各自の使いやすい方法で気楽に使っており、今もてはやされている「端渓」などとは、まったく縁のない世界であったのだろう。

ヱゝまゝよ、笑ふ者には笑はせるも其人の祈禱《きとう》と、中のへりたる硯に、呑のこりの茶をしたみ、武佐墨のまがりなりにと、筆はとるものの……

（四壁庵茂蔦《もちょう》『わすれのこり』、安政元年編）

吉原下駄は「かけ流し」

片方の下駄

今、私の手もとに下駄《げた》の片方がある。発掘でみつかったものの一つだ。四隅の角を少し落した長方形で、長さは約二三チセン、幅は約六・五チセン、つま先のほうがほんのすこし広いようだ。木は杉か檜だろう。木取りは板目で、鼻緒の穴が前に一つ、後ろ二つなのは今の下駄とかわるところはない。厚さは二・五チセンで、裏は舟の底のように、ふくらみを持たせてある。つまり、両側面と前後を斜めにけずって、真ん中を厚くしているのである。裏には二本の溝が切ってあって、さらに表まで貫通するほぞ穴が二つずつあけられている。そこに二枚の歯が差しこまれている。鼻緒はついていない。

歯の厚さは一・五チセン強である。木取りは、まあ柾目《まさめ》といってよいだろう。柾目で板が薄ければ弱いため、前歯は三分の一ほどが欠けている。歯は、台とのつけ根では台と同じ幅だが、下にゆ

図15　発掘でみつかった下駄
泥道を歩くため歯は高く作られている。長年にわたって使われているうちに歯はすり減り、片減りしているものも多い。歯が地面につく部分には、小石や砂が大量にめりこんでいる。加賀藩江戸屋敷跡出土。

くにしたがって幅広になる。すり減っているのでもともとの幅はわからないが、一〇㌢以上あったことは間違いない。さらにこの歯はひどく片減りしている。長いほうで六㌢、短いほうで四㌢ほどだから、最後はずいぶん歩きにくかったろう。減っているのが右側だから、たぶん右足用だったのだろう。

こまかな作りをみると、今の機械で作ったような下駄と違い、すべてがきっちりと対称形というわけではない。しかし、台にしても歯にしても、手なれた職人が一つ一つ、丁寧につくった手のぬくもりが感じられる。底の真中だけ厚く作っているのは歯をしっかりと固定するためであろうし、歯を別の木で作り差し込むのは、作りやすさ、材料の節約とともに、台と歯それぞれの強度を強くするためであろう。また、差し込みの歯にすれば、歯だけの交換ができる。永く土に埋まったのちに掘りだされ、乾燥したために、今はスカスカと抜けやすくなっているが、歯の台にはめ込んだ部分には、無理やりに押しこんだくぼみがついており、使用していた時はずいぶんとしっかりしていたに違いない。

歯が地面につく部分を見ると、こまかな石がたくさん、めりこんでいる。私の足に当ててみると、かかとがややはみ出すが、江戸時代の人は今より小柄だったというから、男物でよいのだろう。

さて、発掘で下駄がたくさんみつかった例を見てみよう。ここでは食べ物の項と同じく東京都立一橋高等学校出土のものを見ることにしよう。

一橋高校の場合

ここでみつかっている下駄は二百点以上だが、比較的残りのよい百三十点ほどが報告書で紹介されている。

この中で、みつかった数が多いものが二種類ある。

一つはいま私が紹介した、差し歯の下駄で、もう一つが一枚の板から台と歯を作る、私たちが現在目にする下駄と同じ構造のものである。

一体、江戸時代のはきものの名は、時代と地域によって、ずいぶん違い、また同じ名であっても、ものが違うということが往々あるようで、発掘でみつかった下駄を、一概に何々下駄と言いにくい面がある。しかしそれでは説明するのに困ってしまうので、差し歯の下駄を「下駄」または「足駄《あしだ》」、一枚の板で作るものを「駒《こま》下駄」と呼んでおく（少なくとも幕末にこのように呼んでいたことは間違いない）。そして、差し歯の下駄類は、ほとんどが台に溝を掘り、さらに接合を確かにするため、表面まで抜ける穴を二つほどあけている。

先ほどは、私の手もとにあった角形の下駄を紹介したが、ここでは角形と丸みを持ったものがみつかっている。そして、丸みをもったものがやや小形で、女性用であったことがうかがわれるのである。

もう一つの駒下駄も、角形と丸みを持ったものがみつかっている。しかし、この駒下駄では、丸みをもったものが必ずしも小さいとは限らず（もちろん小さいものもあるが）、かえって角形より大きなものもある。

発掘では、みつかった層の上下によって、物の新旧を区別することができる。さらに江戸時代では、みつかる火災の痕跡と、文献に見える火災の記録などをくらべて、実際の年をかなり細かく決めることができる。そこで、この二種類の下駄（「下駄・足駄」と「駒下駄」）が、どの時期に使われたかを見てみると、「下駄・足駄」が江戸の古い時期から明暦頃まで使われ、以後は次第に減少する傾向が見られるという。

これに対して「駒下駄」は古い時期からわずかには見られるものの、明暦以降、急激に増加する傾向が見られたという。

発掘を担当した古泉弘さんによると、発掘ではっきりと確認できた面の一つが、明暦三年（一六五七）の大火によってできた焼土の堆積だという。この面より上にあるか下にあるかで、出てくる物の年代が推定できるわけである。ここでは、差し歯の「下駄・足駄」は、焼土の下で数が多く、「駒下駄」は焼土の上で極端に多くなっているという。ただし、明暦の大火の層の上だからといって、大火の後すぐに「駒下駄」が多くなったかどうかはすぐには断定できない。種々の記録によればもうすこし後の、貞享年間頃から盛んになったようである。

このほかに、当時「露路下駄《ろじ》」と呼ばれていたらしいものが、焼土の上と下の両方から少しずつみつかっている。この露路下駄というのは、駒下駄と同じく一枚の木から作りだすものだが、前の歯を下駄の先端に、まるで馬のヒズメのような形で作っている。露路下駄という名（庭下駄とも呼ばれたらしい）でわかるように、庭先や家のまわりのみで使う粗製の下駄で、歯の高さも比較的低いものである。

江戸の初めのはきもの

発掘でみつかるはきものは、ほぼ下駄に限られるが、昔のはきものには藁などの草で編んだ草履《ぞうり》系のはきものと、木で作られた下駄系のはきものの二種類があったことは言うまでもなかろう。そして、はきものの主流はあくまでも草履であって、下駄というのは本来雨天やぬかるみなどの非常用であった。

江戸時代でも比較的古い寛永期に書かれた『毛吹草《けふきぐさ》』は、俳諧の参考書であるが、その中に諸国の名産品がまとめられている。

その中からはきものに関する部分を拾いだしてみると、

山城　悲田院藺金剛《いこんごう》、雪踏《せった》、雪沓《ゆきくつ》

大和　金剛

和泉　中浜塗木履《ぼくり》、大鳥草履

摂津　津村雪踏

伊勢　合道草履

と、金剛、草履、雪踏、雪沓、木履などの名がみえる。

また、安永四年（一七七五）に刊行された方言集の『物類称呼《ぶつるいしょうこ》』を見ると、

　あしだ○関西及び西国にてぼくり又ぶくりといふ。中国にてぼくりまたぶくりと云物は江戸にて云げたの事也。

　ざうり○江戸にてこんがう又のりものざうり（うらおもて共に藺《い》の殼をもつて織たる物也）畿内西国にてこんがうと云（乗物ざうりの名はなし）。

とあって、私たちがいまイメージする下駄の類に、「下駄・足駄・木履」があり、草履の範疇《はんちゅう》に「金剛・雪駄（踏）・草履」があるらしいことがわかる。この中で、「金剛」だけがなにやらはきものの感覚にそぐわない言葉だが、『物類称呼』ではこれを説明して、

　昔比叡山安然僧正貧窮にして書を求る力なし。よつて金剛（法器也）を手に持給ひて草履を制しより、こんがうざうりと世にいひならはしたるとなり。

と、僧侶が金剛を手に作ったことから、金剛と名付けられた草履だと説明している。

複雑なはきものの変化

　さらに詳しく調べようと、はきものについての説明の多い『嬉遊笑覧』や『我《わが》衣《ころも》』『守貞謾稿』を見ると、とても詳しく説明してあるのだが、詳しすぎて私の頭では到底理解できなくなる。

なんとかわかったのは、まず「金剛」と呼ばれる草履は、少なくとも江戸の初期から、幕末まで作り続けられたらしいこと、それと平行して、「草履」もまた作り続けられていることである。そして、金剛と草履の区別は、江戸も後のほうになると、金剛が下級品として扱われていたという以外は、どうにも理解できない。また、草履の改良品として、裏に革をはった「雪駄」が発明され（千利休の発明としているのはたぶん「弘法大師の事跡」と同じようなもので、にわかには信じがたいが、ほぼその時代に発明されたのだろう）、しだいに正式なはきものの地位を占めたことである。といって、必ず草履が下級品で、雪駄が上等かというと、そうでもないらしいからややこしい。例えば、山谷草履というものがあったらしい。これは正徳年間（一七一一―一六）からこう呼ばれた藺殻《いがら》の草履で、吉原遊客専用だそうだ。またその後「中抜草履」といって、藁で作った草履が作られた。これは一足二十四銭と安いが、「かけ流し（使い捨て）」なので、庶民は使わなかったらしい。

また、『守貞謾稿』には、

福草履は、京坂でいう中抜き草履と同じものである。武士が持ち草履として下僕に持たせ歩くのは専らこの草履である。大名が稀《まれ》に歩く時はこれを使う。旗本や陪臣も、雪踏をはいた者は城門より内は福草履をはく。しかし、下僕を連れていないものは雪踏のままで城内に入る。

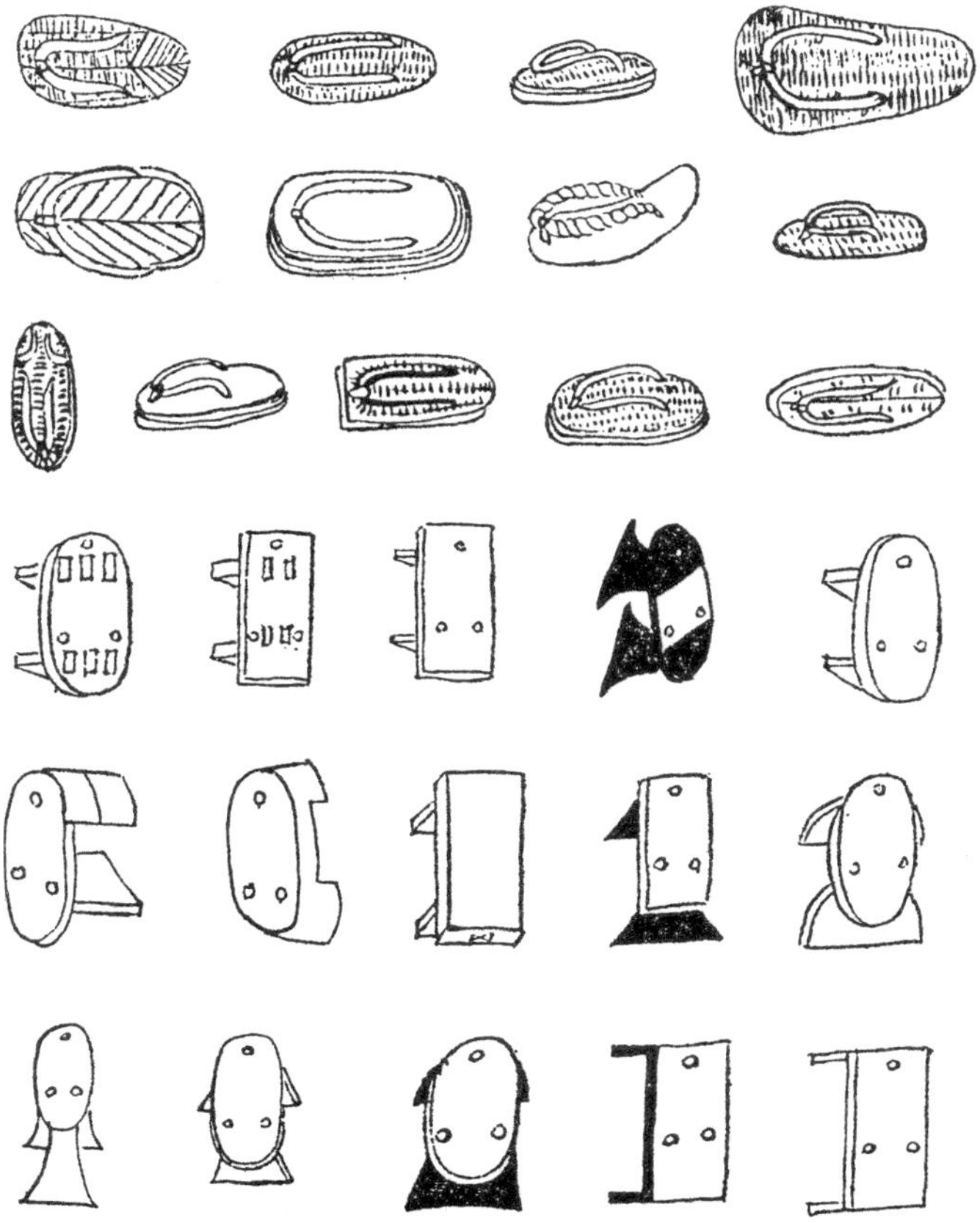

図16　さまざまな種類のはきもの　加藤曳尾庵『我衣』より

とあって、これ以上詮索《せんさく》しても私には理解不能であるからやめる。

しかし、食べものの項でも触れたが、どうも享保あたりから、江戸も落ち着いてきて、一部に奢侈《しゃし》の傾向が出てくるようである。正徳は享保の直前であり、かけ流しのような贅沢《ぜいたく》の芽がそろそろ出てくるのだろうか。『我衣』でも、このころから普通の人のはきものが目立つようになった、といっている。

「下駄・足駄」

下駄の類は、京坂では木履または下駄と呼ばれ、江戸では下駄、足駄と呼ばれていた。ただ、『毛吹草』を見ると、草履のたぐいは比較的に多く見られるのに、下駄については和泉の「中浜塗木履」だけがあげられている（ちなみに、江戸の特産品を見ると、数種類の農産物に限られている。いかに編者が京都の人間であったにせよ、寛永という時期には、江戸の手工業はいまだしであったことがうかがわれる）。江戸時代も古い時期には草履が主で、下駄はそれほど使われなかったようだ。

考えてみれば当然だが、下駄・足袋というのは本来ぬかった土地を歩く場合のはきもので、裸足はいやだ、服は汚したくないという要求にそって作られたものである。草履では、たとえ裏革をつけたとしても、すぐに水がしみてどろどろになる。旅であればそれなりの支度をして、草鞋《わらじ》をはいて歩くことになるのだろうが、町内を歩くために草鞋はめんどうだ。

『守貞謾稿』に、

寛永以来小田原町に下駄というものがある。表は島桐の目が細かいものを使い、樫の歯を差す。これを蟻さし歯の始めとする。後にはけやきの歯を使う。魚商の専用で、小田原町は魚店が群居しているところだ。

とあるが、今の魚商が市場で長グツをはくのとおなじ理由で、下駄（たぶん足駄といったほうが、適切なのだろうが）を用いたのであろう。

しかし、それでは江戸に住む人々のほとんどが、必ず何らかのはきものを履いたのかといえば、決してそのようなことはなかった。

明治三十四年（一九〇一）、警視庁が「跣足禁止令《はだし》」を出す。この庁令の目的はペスト予防のためであったらしいが、これを紹介した『風俗画報』の記者は、

従来、車夫、馬丁、車力其の他職工等、労働者社会には、跣足にて市中を往来するもの多く、殊に雨中には、丁稚小僧が跣足の使ひ歩き、或は履物の鼻緒を踏み切りて、尻からげの跣足は、敢て怪むに足らず、況《いわん》や祭礼、道行、喧嘩の助太刀は、画にかいても跣足なれば、粋ときほひの伊達看板ならむも、跣足もとより未開の余風として端人の恥づべき所なり。

（『風俗画報』第二三三号）

と記している。明治の後半であってもこのような様子だったのだから、農民はもとより、江戸市中であってもはだしで歩きまわっている人々が多かったことは、容易に想像できよう。実際、当

図17　足駄作り　『七十一番職人歌合』より

時の画を見ても、はだしの人はたくさん描かれている（六八ページ図8）。

さて、下駄（歯の低いものを下駄、高いものを足駄というらしい）は、初めは山下駄といって、「山樵《きこり》がこれを作って江戸等にだす」ものだったらしい。そして、「雨が降ればハダシで歩くさ」などといっている人が多い間は、需要が多いはずがない。江戸で下駄、足駄作りの名手がでたのは宝永頃（元禄のすぐあと）で、和泉町新道のげほう（外方）という字《あざな》をもつ職人が有名である。そこで作られた下駄はきれいな塗下駄で、芝居の役者が履いたらしいが、この頃から下駄を専門に作る職人が江戸の町に増えていったようだ。

喜田川守貞の時代の下駄についての説明を聞こう。

今江戸で、高いものを足駄、低いものを下駄という。両者とも差し歯である。また江戸では男は角形、婦女は丸形を使う。歯の高さは二寸二分（約七センチ）―三寸五分（約一〇センチ）、二寸五分より低いものを日和下駄という。

また、三都ともに、差し歯の根を甲面に貫く物（露卯《ろぼう》—歯を台にしっかりと固定させるため、台の裏に歯の入る溝を彫ると同時に、台の表まで貫通する穴をいくつかあけ、歯にホゾをつくりしっかりとはめ込む）は、近頃は全く行われない（ちなみに台の裏に歯の入る溝を彫るのみのものを陰卯《いんぼう》という）。

下駄、足駄とも男用は長さ七寸二三分（十文）、長さ六寸七八分の物は「あいかた」といって女用である。

台の長さとかたちで、男女の区別があったことは、今の下駄とおなじである。ただし、当時は足が小さかったせいか、今の下駄にくらべ、かなり短かめだ。また、歯の高いのを足駄、低いのを下駄といっているようだが、歩けば歯は減るものだ。足駄の歯のすり減ったものは下駄というのだろうか、などといらぬ心配をしてしまう。

『世間噺《ばなし》風聞集』の元禄十二年の項に、

八郎兵衛殿（直参《じきさん》、四百石）は、常々は馬で登城されるが、馬が病気なので歩いて行った。その日は道がわるくげた（下駄）をはいていたところ、たまたま通りかかった美作《みまさか》守殿の家来に突かれた。八郎兵衛殿はげたであったので、倒れてしまった。

とあり、その後の丁々発止《ちょうちょうはっし》が面白く書かれている。この『風聞集』は、殿様のつれづれにお聴かせしようと集めた話なので、ことの真偽は定かでないが、この時期に、江戸城に登城のさいに

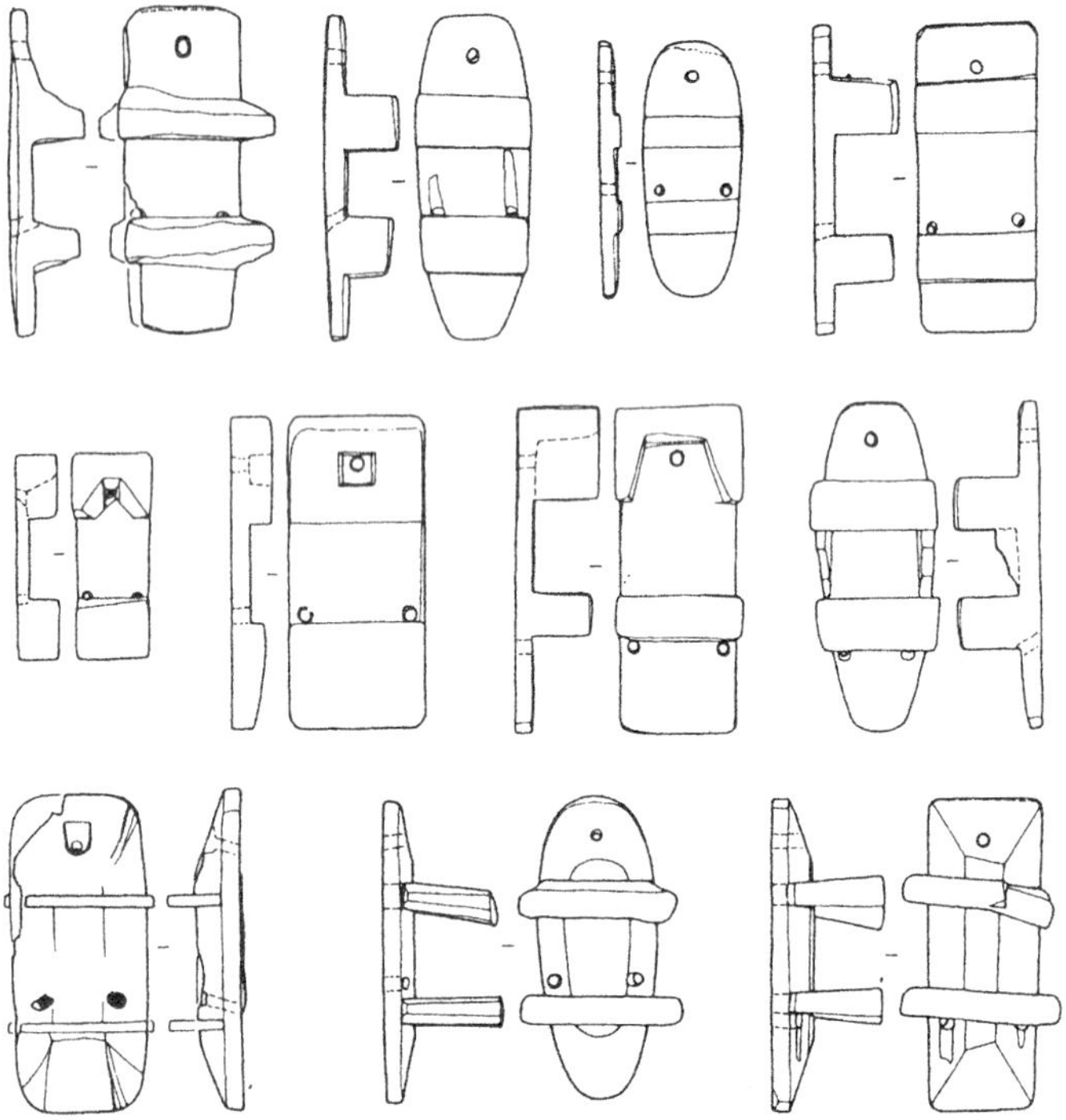

図18　発掘でみつかった下駄

一枚板で歯まで作られた下駄、差し歯の下駄、男物・女物・子ども用など、さまざまな形式の下駄がある。下段左の足駄は差し歯の厚みが極端に薄く、「かけ流し」の吉原下駄かもしれない。東京都立一橋高等学校敷地内出土。

も、足もとが悪ければ下駄をはいたことはわかる。そして、ひとに突かれてすぐ転んでしまうのだから、かなり歯の高いものだったのだろう。そしてそのはきものを、記録者は「下駄」といっているのだから、下駄・足駄という言葉はあったとしても、実際に使う人たちは、特に意識して区別せずにはいていたのだろう。

吉原下駄

さて、下駄であれ足駄であれ、差し歯であれば通常何度でも歯を入れ替えて、永く使用した。

花鰹下駄の歯入の置土産　（『誹風柳多留』別編中）

五月雨の路次の歯入の鉋くづ　（『誹風柳多留』一六七編）

などのように、歯入れ職人が町々をまわって、歯の差し替えを行なっていた。「花鰹」や「鉋くづ」は下駄の台の溝巾にあわせて、歯を削ったカスのことである。

また、これを歯入れ職人の側から見ると、

雪や雨下駄の歯入れハ待ッている　（『誹風柳多留』一三一編）

ということになる。前の句の「五月雨」という言葉もそうだが、下駄・足駄が、雨天や雪の日に用いるものであることが、この句でもよくわかるだろう。そして多くの人が、雨が降り出してから、あわてて歯入れを呼んで修理をさせた様子がうかがえるのである。

しかし、江戸の町で一つだけ修理を前提としない下駄があったそうだ。それは「吉原下駄」で、杉の台に杉の歯で作られたものだという。高さ一寸八分、幅は二寸八分がきまりのようである。吉原への客が帰りに雨に降られた時に使う、というほどの意味で名づけられたのであろう。

川柳では、

杉下駄で敷居の高ィ朝がへり　（『誹風柳多留』一一一編）

など多くの句を見ることができる。これは、前の晩に（多分雪踏で）吉原に出かけたものの、翌朝は雨。雨中に雪踏では歩けないから、茶屋で頒《わ》けてもらった下駄をはいて帰ったという意味である。そして「敷居の高い」というから、ひと目でそれとわかる、粗末なかけ流し（使い捨て）の下駄であったようだ。さらに、

栗下駄で帰れハ女房渋ッ面ラ　（『誹風柳多留』一二一編）

の句もあるから、杉だけでなく、栗材で作ったものもあったらしい。吉原で一晩遊女と遊んで来たことを公然と示す栗下駄で帰宅して、「渋っツラ」だけで済んだのだろうか。今なら、お皿や庖丁が飛び交うか、役所の書類を投げつけられるところだろう。

さわ栗の下駄で通つたほうがもて　（『誹風柳多留』三一編）

の句は、雪踏でまれに通うどら息子などより、前回頒けてもらった栗下駄を平然とはいてくる、遊びなれた男のほうが遊女には気安く、もてるものだ、といった意味だろう。

川柳では吉原特有の下駄として描かれることがほとんどだが、実際は（普通の）外出の途中で

雨に降られたときに「かけ流し」として買ったり、あるいは茶屋の客下駄として店の焼き印を押して使ったらしい。幕末での値段が一足六十銭だったそうだ。

一橋高校の発掘でも一点だけ吉原下駄かな？　とおもえるものがみつかっている（これは報告者がいっているのでなく、私が報告書を見て勝手に思っているだけだが）。それは歯の厚みが他の差し歯下駄の半分ぐらいで、高さも低い。この歯の厚みではとても長持ちしそうもなく、使い捨てのイメージにぴったりあうのだが。

駒下駄

今私たちが普通に「下駄」と呼んでいるもの、つまり差し歯でなく台と歯を一体に作る下駄は、「駒下駄」として区別していた。

日和下駄で、雨中に使うのではない。昔は江戸の男子は普段近所にでるのに湿地でなくてもこれをはいた。婦女は正式な場合にも駒下駄を履く。ただし、礼服の場合には雪駄をはく。江戸の庶民が男女とも専らこれを使うのは、町中に犬が多く、糞をきらってのことである。

（『守貞謾稿』）

と、江戸も後半になると、駒下駄がはきもののなかで主要な位地を占めてくるようだ。

男物は角形が多く、桐の柾目が高級品であったらしいが、板目もあった。粗品は栗材などが使われていたようだ。女物は差し歯下駄と同様に「あいかた」とよばれる丸みをおびたものであった。

はきものの奢侈

そして、文化文政の江戸文化の爛熟《らんじゆく》期を経て、はきものの世界にも奢侈の風が蔓延《まんえん》したようである。例えば、天保の倹約令より前には、雪踏《せった》のかかとにうった裏鉄《うらがね》を赤銅で作り、金象眼をいれたものもあったらしい。また鼻緒にもふんだんに贅沢なものが使われる風潮に、喜田川守貞は「このような高価で美しいものを民間の足に掛けるとは、実に後世恐るべきことどもなり」と嘆いている。

といっても、武士の世界では下駄（特に駒下駄）の普及は町人にくらべて遅かったようで、喜多村香城は慶応年間（一八六五―六七）に書いた『五月雨草紙』の中で次のように語っている。

今は下駄や駒下駄が流行して、男女老幼を問わず、武士も多く使うようになった。私たちが子供のころは、武家屋敷で、駒下駄などを使うことは、どういうわけかとても恥とした。思いかえせば、その柔弱に流れるのを嫌ったのだろう。外出の時は、赤漆か青漆塗りの革鼻緒の雪踏を使った。武家の子は、普通は大方、藁草履あるいは竹の皮の草履を使った。八幡黒などの鼻緒がついた子供の雪踏などは、はなはだ稀だったが、世が移り、今は昔の品など、絶えて見ることがない。

と、外出には雪駄が正式で、下駄などとんでもないと言っているかと思うと、それより五十年ほど前の記録に、

明和の頃（一七六〇後頃）までは、ご城内足駄は厳禁。しかし前歯を厚く、後の歯をうす

くして、さし下駄と名づけ、時の重臣が用いてからは、だれが（城内で）使っても番所でお咎《とが》めなし。

（青山白峰『明和誌』）

と、まったく正反対のようなことをいっている。

今後、もう少し発掘の件数がふえ、年代がはっきりわかる下駄がみつかれば、下駄の使われかたの変化がもう少しはっきりするのかもしれないが、今のところ、十八世紀の初めころから、駒下駄が増えたということがはっきりといえるだけのようである。

江戸の風俗画などを見ると、長屋のおかみさんが、チビた下駄をはいて井戸のまわりでわいわい話をしながら洗濯をしている場面がある。あるいは、水茶屋の娘御《むすめさん》の駒下駄をはいた姿など、なかなか粋なものである。

しかし、今では下駄は花火大会の時だけの風物詩になってしまった。しかし、都会では年に一度下駄を履けば、それで十分のような気がする。アスファルトやコンクリートの上を下駄で歩くと、大体うるさくてしょうがない。ビルの中に入ろうものなら、居合わせた全員がその音に仰天するだろう。生活の環境もまた、下駄などという悠長なものを許さなくなってしまったのだろう。

と思っていたら、近頃は「ミュール」とかいう底の堅いサンダルが、女子大生を中心にずいぶんはやっているらしい。駅の階段を、カラーン、カラーンと闊歩している若い女性を見ていると、何やら複雑な気分にさせられる。

下谷《したや》七軒町から根津《ねづ》へ出ようとする地の低い所は、昔は紅葉番所があって、小役人が詰めていた。少し雨が降ると、この番所の前に出水するので、女などが白い脛《すね》を露わに、裾を巻り上げて、ボチャボチャ通る。その有様を唄にして、猥褻な踊りが出来た。根津の廓《くるわ》では、随分この踊りが流行ったものだ。

（田村西男「三人馬鹿」）

下駄の似合うのは、きっとこのような場面ではないだろうか。今では誰もが感性がマヒしてしまっていて、こんな光景を見ても何とも思わないのだろうが。

碁石・おはじきのこと

将棋と囲碁

大人の遊戯の道具で地下からみつかるものといえば、ほとんど碁石《ごいし》のみである（サイコロもたまにみつかるが、ごく少ないようだ）。また、将棋の駒もみつかるのはまれである。燃えないもの、腐らないものという条件がつくと、どうしてもそういうことになる。

正徳四年（一七一四）、大坂から諸国に将棋盤・碁盤などを発送した記録があるが、その数は将棋盤が碁盤（百八十二面）の四倍であったという。ちなみに碁盤の単価は将棋盤の十倍ほどであった。

碁と将棋の遊戯としての性格をくらべると、私の持つ「江戸っ子」のイメージからいえば、将棋のほうが圧倒的に支持されたように思えるし、それが大坂の商家の、盤の出荷数の一対四という数字になって現れているのだろう。それにもかかわらず、どちらかといえば少数派の碁の、そのうちでも碁石のみという、きわめてかたよったものになるが、めったに出ないものは語りようがないのでご容赦ねがいたい。

さて、一応碁の道具の碁盤にも触れておくと、現在の日本棋院の規格によると、長辺が一尺五寸（約四五チセン）、短辺が一尺四寸（約四二チセン）である。有名な正倉院宝物の碁盤はほぼ正方形であるから、たぶん日本で、江戸時代までのいつかに、縦長（対局者が向かい合う方向）に変化したと考えられているようである。また山梔子《くちなし》の実をかたどった脚のつく碁盤が定着したのもやはり、江戸時代であったらしい。元禄時代の『人倫訓蒙図彙《じんりんきんもうずい》』に今と同じ脚が見えるし、その後の記録や絵画でも確認ができる。

しかし、式亭三馬《しきていさんば》の『浮世床《うきよどこ》』に描かれている碁盤には丸太状の脚が描かれており、脚つきの碁盤すべてが山梔子型であったわけではないようだ。これは、現在でも立派な脚つきの碁盤がある一方で、折りたたみの安価な碁盤も使われているのと同じことである。当時の碁盤が発掘でみつかることはほとんど絶望的なので、勝手に想像するしかないが、庶民が使った碁盤は、後で述べる碁石との釣合から見ても、よほど粗末なものと考えるのが自然であろう。

一体、今では碁盤といえば榧《かや》、普及品では桂が使われている。また輸入材に「新榧」などと、まぎらわしい名をつけて売っているものもある。しかし江戸時代では、杉の板に十九路の線を手で書いたものや、場合によっては、反古《ほご》の裏に線を引いただけのものでも、立派な碁盤になったと私は推測している。

碁石については、今はハマグリ碁石と那智黒《なち》にきまっており、普及品ではガラス製のものが売られている。日本棋院の規格では、碁石の直径は、白石が七分二厘（二二ミリ弱）、黒石がやや大きく七分三厘ということになっている。

このハマグリ碁石は、宮崎県日向市の小倉浜でとれるハマグリが最上級とされている。ところで、この日向のハマグリを我々が使い始めたのは、意外に新しく、明治の中頃であったらしい。そしてそれからわずか百年あまりで、すでにほとんどの貝を取り尽くしてしまっている。今では、メキシコから「ハマグリ」をとりよせ、日向で加工して「日向特製本蛤碁石」として売られているようである。

さて、今ではほとんど幻となってしまった日向のハマグリ碁石が明治の中頃からのものであるとするならば、江戸時代は一体どのようなものを使っていたのだろうか。

これについては実はあまりよくわからない。

碁石の産地

まず、寛永十五年（一六三八）にまとめられた『毛吹草《けふきぐさ》』の中から碁石をひろってみると、まず京の角倉《すみのくら》町に摺碁石屋があったようだ。また、この摺碁石屋は摂津の備後町にもあり、京や大坂で美しい製品にしていたことがわかるのである。

他はすべて材料の産地で、三河の「伊羅期《いらご》碁石貝」、若狭の「スカ浜黒碁石」、石見の「高津白黒碁石」、長門の「筋浜黒碁石」、紀伊の「那智碁石」、阿波の「撫養《ぶや》蛤《はまぐり》（碁石ニ用之《これをもちう》）」、豊後の「碁石（黒ノ浜白ノ浜トテ白黒ノ石有ト云）」、肥後の「志岐白碁石」が紹介されている。

このうち、はっきりと貝の白石とわかるのは、三河の伊羅期碁石貝と、阿波の撫養《ぶや》蛤だけであり、今では幻になった「日向の蛤」は入っていない。

さて、豊後の黒ノ浜・白ノ浜の碁石については、橘《たちばな》南谿《なんけい》の『西遊記』に面白い体験談がのっている。これによれば、南谿が九州に旅行した時、豊後に碁石の産地があると聞いていってみた。はるばる山を越えて行くと漁村の向こうに入海が見える。浜辺に出てみると黒の浜、白の浜というところがあった。この浜は山二つ三つほど離れている。

　白きは雪のごとく、黒きは漆のごとく、海辺皆かくのごとくにして色異なるをまじえず。海底までもかくのごとくにて、白の浜は潮までも白きように見え、黒の浜は又黒みわたれり。掘り穿《うが》ちても砂土なし。其きよらかなる事たとえんものなし。

と、美しく讃えあげ、しばらく散策したあとに、黒白の石を袋にいれ持ち帰ったが、長旅のため家来が疲れてしまい、少しずつ捨てたため、京都に帰るまでには十個ほどになってしまった、と書かれている。

素直に信用すればよいのかもしれないが、私は疑り深いため、これはきっと『毛吹草』を見て、どんどん想像がふくらみ、あたかも自分が行ったかのごとく書いたものと、邪推してしまうのである。

さて、貞享三年（一六八六）に書かれた『雍州府志《ようしゅうふし》』には、

紀伊の浜でとれた白石黒石を使っていたが、今は絶えたので、白は貝を、黒は石を磨いてつくる。

と書かれている。

さらに、十八世紀の後半の『倭訓栞《わくんのしおり》』では、『毛吹草』にも見える紀伊の那智黒や豊後の黒石白石を紹介し、白石については海蛤を磨いて作るという製法が書かれている。

これらの記録を見ると、初めは海辺などにある自然の石を利用し、それがなくなってくると（あるいは同時に）、黒石を磨き、白石についてはハマグリを加工して使ったようすがうかがわれるのである。

みつかる碁石

さてそれでは、江戸の地下からみつかる碁石とは一体どのようなものかというと、じつは素焼きの粗末なものがほとんどなのである。

手作りなので、規格が一定というわけにはいかないが、直径が二チセンをやや越えるものが多く、平均すると、先の日本棋院の規格である約二二ミリとほぼ一致する。ただし厚みは、四ミリ程度のものから一チセン近いものまでさまざまである。平均すれば五ミリ前後というところだろうか。

図19　発掘でみつかった素焼きの碁石
中央の白く見える二つの碁石には胡粉が塗られている。
墨を塗って黒く着色したものがみつかることもある。
寛政から文化年間頃の遺品。加賀藩江戸屋敷跡出土。

次章の「泥メンコ」のところでも述べるが、地下からみつかるときは、ものの表面に顔料を塗ってあったとしても、ほとんどそれが失われている。したがってみつかる碁石はそのほとんどが、赤茶けた素焼きの色そのままである。しかしそれでは、対戦した時にどれが自分の石か分からなくなるので、かならず彩色がしてあったろう。

それにしても、素焼きの平たい円盤である。碁に負けそうになってむきになり、あるいは勝ちを確信して、パチンと碁盤に石をたたきつければ、これは必ず割れることうけあいである。勝っても負けても、常に心を冷静に保っていなければ、すぐに使用不能になる、精神修養もかねた道具であったのだ。

このほかにみつかる、碁石らしいものとしては、磁器の破片を打ち欠いて円盤状にしたものが、わずかであるがみつかっている。直径はやはり二センチ強で、碁石の白石として使えないことはない。

そして、もう一つ、「ハマグリ」の碁石である。大名や富豪がどのようなものを使っていたかはべつとして、少なくとも、普通私たちが発掘でみつけることのできる碁石は、今のハマグリ碁石とくらべて、直径が同じで色が白いという以外は、似ても似つかぬ代物である。

つまり、今私たちが食卓で普通に食べているハマグリ、これの平らな部分を加工したものと考えればよい。したがって厚みはせいぜい二、三ミリで、碁石のイメージとして私たちが持つ、中央が厚くころころとした感じのものとはまったくことなる、ただの平たい円盤である。貝で作ったボタンのやや大きいものという感じだろうか。

ただ城跡などで、まれには今の碁石とくらべても、さほど遜色《そんしょく》のない碁石が出ることもある。例えば、松本城の二の丸跡の発掘では、チョウセンハマグリなどでできた白石と、那智黒を使った黒石がいくつかみつかっているようである。しかし、同時に素焼きの碁石もみつかっていることから、御殿ではすべて、贅沢な石が使われていたというわけではなさそうである。

ところで、文献にも見える自然石の黒石・白石は発掘でみつかるのだろうか。確かに発掘で白と黒の石が一緒に出てくることはあるし、碁の歴史をしらべたものにも、これを碁石として紹介している例もある。

しかし、私が実際に見たものに限っていえば、白黒の石の中に碁石として使えそうな平たいもののもちろんあるが、同時に、球形に近いものやゴツゴツしたもの、碁石としてあまりにも小さいもの、大きいものが混じっていることが多い。これらの石が、碁石の入れものである「碁笥《ごけ》」の中にはいった状態でみつかれば納得せざるをえないが、盤上で道具としてうまく機能するものとはとうてい思えないのである。したがって、なにかのゲームに使ったとしても、それは少なくとも碁ではなかろうと私は思っている。

難波の豪商、淀屋三郎右衛門が宝永二年（一七〇五）に十九歳で闕所（財産没収）になった時の目録には、「唐渡り碁盤　一面、ただし金銀の石」とあり、一部ではずいぶん贅沢な道具が使われていたのであろう。

しかし、少なくとも地下の江戸を掘っている限りでは、町民や下級武士の遊具としての碁石は、もっとも安く、規定の形を作りやすい素焼きのものが圧倒的に主流をしめていたことがうかがわれるのである。

ただ、文献などで、この素焼きの碁石に触れたものはきわめて少ない。私がみつけられたのは、川柳の次の一句だけである。

瘡守《かさも》りの団子を下手碁並べてる　（『誹風柳多留』七四編、文政五年）

瘡守りについては『江戸砂子』に、

瘡守稲荷　小児の顔・かしらなどのでき物、此神にいのればふしぎの奇瑞《きずい》有。願成就の時、土団子といふて土を以《もつて》だんごのごとくまろめて神前にさゝぐ也。

とある。この瘡守りの団子のような素焼きの碁石を使って、ヘボ碁をならべているという意味である。だから、この句だけ見れば、碁の初心者だけが安物の素焼きの碁石を使うようにも見えるのだが、右に述べたように、実際はほとんどの人々が素焼きの碁石を使っていたと考えざるをえないのである。

碁石と「おはじき」

ここで一つ注意しなくてはいけないのは、「おはじき」との関係である。

おはじき遊びの道具としては、キシャゴという、小さな巻き貝が使われていたようだが、同時に今のガラスのおはじきのような、円盤状のものでも遊んでいたようだ。

　ここまで素焼きのもの、貝殻、磁器のかけら、小石などを碁石として紹介したが、この中のいくつかは確実におはじきの道具として使われていたにちがいない。というより、おはじき専用のものもあれば、親の碁石をおはじきの道具として借りた場合もあろうと考えるべきだろうか。

　江戸の発掘では、素焼きの「碁笥」といっしょに素焼きの碁石がみつかっている例もあるが、ほとんどが碁石のみ、パラパラとみつかる。男の子の「悪ガキ」のように、賭けの対象とするのでなければ、遊ぶ時だけちょっと借りて、という場面は十分になりたつわけで、これは碁石、これはおはじきと決めてしまうのはむずかしいのかな、という印象をもっている。

　とまれ、江戸時代の遊びは、大人も子どもも、一部の例外をのぞいて、川原や海辺、あるいは家の近所で拾えるもの、あるいは素焼きのものといった、ごく簡単に手に入れることのできるもので楽しまれていたことだけは事実なのである。

禁じられた遊び

穴一と「泥メンコ」

なつかしい遊び

今ではコンピューターゲームなど、これでもかこれでもかと出てくる、さまざまな遊びに駆逐《くちく》されてしまったが、昭和三十年（一九五五）代までは、子どもの遊びといえばガキ大将を中心とした路上での遊びだった。

その中でも男の子のあいだでよくはやったのが、メンコ、ビー玉、ベーゴマなどの、賭け事に類する遊びである。

小野武雄さんは、『江戸の遊戯風俗図誌』の中で、

穴一・面打は、明治末年・大正の初め頃に幼童期を東京の近在で送った本編者には、懐かしい童戯の一つであった。

とかたっている。

この「穴一・面打」がビー玉やメンコの「元祖」ともいえるものなのである。

小野さんが「穴一・面打」に熱中していたころに、全国の子どもの遊びを集めた本が刊行されている（大田才次郎編『日本全国児童遊戯法』、明治三十四年、博文館）。これを読むと、小野さんが熱中していた遊びを、当時の大人がどのように見ていたかがわかる。

「ひんしゅく」の遊び

穴一　この遊びは、今は郡部や僻村でまれにみることがあるが、賭博の類なので、その遊び方は記さない。ただ、遊んでいるという事実のみを報告する。（東京の部）

小野さんは東京近在で遊んでおり、郡部にわずかに残っている程度ということなどはありえないが、当時の大人がこの遊びをいかに苦々しく感じていたかをよく物語っている。

明治・大正・昭和の時代に、この種の遊びに禁令が出たかどうかは、私は知らないが、江戸時代にはこの子どもの賭け事について、たびたび禁令が出されている。

たとえば、天保十五年（一八四四）二月には、

市中の明地（空地）往還（往来―道）にて、めんち打ちと唱える子供遊び致し候由、右は賭け事にまぎらわしく、これなきよう、町役人どもより申しさとし、かつ以来、右めんちと唱え候品、堅く売買致すまじきむね、組々もらさざるよう申し通すべし。

とある。

この禁令の中で、「めんち打ち」というのが、小野さんのいっている「面打」にあたるものである。

また、喜多村信節《のぶよ》の『嬉遊笑覧』（巻四、雑伎）には、

八道《むさし》、わらべが地上に大路小路の形を書いて、銭を投げて争いをする戯れ。京の小児むさしという。大坂ではロクといい、和泉や尾張、上野、陸奥では六道という。相模または上総では江戸といい、津軽も同じ。これは、江戸の町々にたとえているのだ。信濃では小路、越後では六道路、江戸ではキツといい、江戸の田舎では十六という。もとは一つのものだったろう。宝暦十三年（一七六三）の画双六（大坂版）では、六道をジュウロクムサシとあって、絵は弁慶の七つ道具が描かれている。これは十六むさしだ。また、ロクトとあって、絵は銭を描いてある。これは地上に筋をひいてする遊びだ。

と、穴一や面打とは遊び方がややことなるとも思われるが、同じような子どもの遊びが記録されているのである。

『守貞謾稿』に見る「穴一」

さて、ここで明治時代も江戸時代も目のかたきにされていた「穴一・面打」とはどのような遊びだったのか、『守貞謾稿』で見てみよう。

穴市（一と市のちがいはあるが、同じ）あないちはあなうちの訛《なまり》。穴打が正しい。京坂の児童がこれを行う。今は銭を使わず、ムクロジまたはぜゞ貝を使う。ぜゞ貝は江戸で

は「きしゃご」といっている小さな巻き貝である。

　壁あるいは塀の下に、直径二―三寸（六―九㌢）の半円形を地面に掘り、三―四尺（一㍍程）前に一本の線をひいて、ここに立ちムクロジおよびぜゞ貝を投げ入れ、穴の中に入れば勝ち。もし一、二粒でも穴の外にでれば、これを別のムクロジ、銭貝で打ち当てれば勝ちとする。当たらなければ負けという遊びである。

　右のムクロジ、ぜゞ貝ともに賭けの対象とするため官禁である。

　ムクロジは、皮をとって黒い種を使う。これを「つぶ（粒）」という。皮をとらないものを「むくろじ」という。半玉にはこれを使う。

　今の子供のいう「あないち」は、地上に三、四尺の間隔で二本の線を引く。一方の線の外にたって、他方の線の上に置いたつぶ及びぜゞ貝に、同じものを投げ、当たれば勝ち。一粒であたる料を玉という。この玉に使うつぶには、中を空にして鉛をつめたものがある。

　よくわからない部分もあるが、穴をねらって投げたり、地面に置いた標的にめがけて投げ、当たれば勝ちというのは、今のビー玉と基本的には同じルールである。もっとも、ビー玉は球形であるため、地面をころがしてあてるという方法も、私の子どもの時にはあったように記憶している。

　さて、この「穴一」であるが、古い記録をたどると、十世紀に書かれた、源順《みなもとのしたごう》の『倭名《わみょう》類聚抄《るいじゅしょう》』に書かれた「意銭《ぜにうち》」に遡るという。

そこには「意銭」の読みとして「世𨗉宇知《ぜにうち》」があてられ、「今之攤銭也《たん》」と説明している。「攤」とは「のばす」とか「ひろげる」という意味で、読みの「ぜにうち」とあわせて、銭を使った遊びと考えられているのである。

『和漢三才図会』に見る穴撃

寺島良安は『和漢三才図会』（十八世紀初め）で、この『倭名類聚抄』を紹介して、

この意銭というのは、穴撃《あなうち》のたぐいか。ぜにうちという名はこれにあっている。今、児童が多くこの遊びをしている。二、三人が銭をだしあって、交互にこの銭を撃つ。地面に横筋をひいて銭をまき、一枚を手に持つ。これを玉《ぎょく》という。この銭で相手の指定する銭を撃つ。あたれば勝ち。まちがってほかの銭にあたれば負けである。はじめ銭を地面にまく時、まちがって筋の外にでればこれも負け。

また、ほかの遊び方として、地面に銭がはいるほどの穴を掘り、この穴を狙って銭を投げ、入ればそれは自分のもの。穴の外に出た銭は、相手の指示通りにねらって、あたれば勝ち。

と、当時の「穴撃」の遊び方を紹介している。

平安時代の「意銭」が子どもの遊びだったのか、さらに本当に銭をかけて遊んだのかは、知るよしもないが、江戸時代も中頃になると、少なくとも都会の子どもたちが、銭をかけた遊びを開

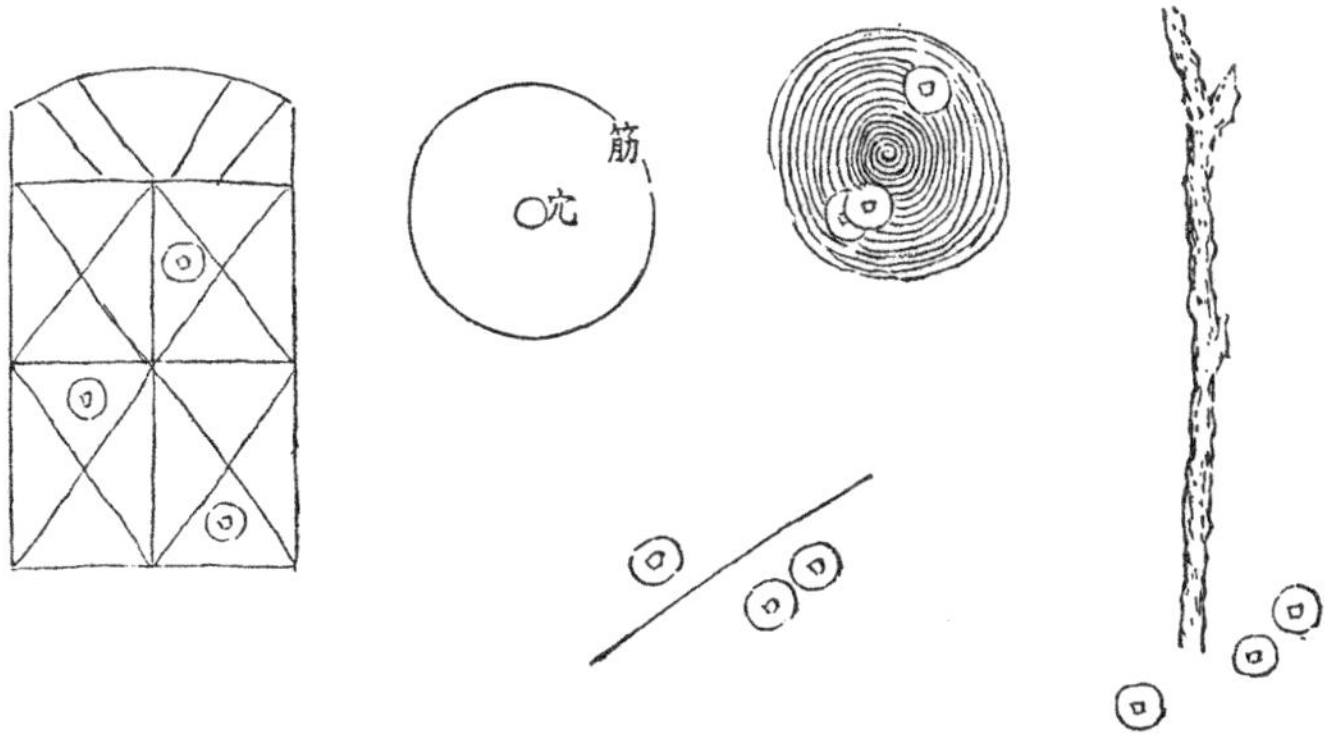

図20　穴一の遊び方
右図から順に、「よせ」「けし」「かんきり」「筋打」「こうば一名穴ほん」と記されている。
野口文龍『長崎歳時記』より。

発していたことはこれによってわかるのである。

さらに、十八世紀中頃の江島其磧《きせき》『賢女《けんじょ》心《こころの》化粧《けしょう》』に、

男子のすなる石取り、穴一などの、似合わざる悪遊び

とあり、また十八世紀にかかれた野口文龍の『長崎歳時記』には、

下賤の輩は、すぼ引《ひき》、よせ、けし、かんぎり、かうば、筋うちなどして、楽しむものあれども、右は博奕《はくえき》に似たりとて親々堅く是を禁ずるものあり。

として、それぞれの図を描いて紹介している。

このうち「すぼ引」は「宝引《ほうびき》」とも呼ばれたもので、商家の正月の楽しみとして行われることが多かったようである。その遊び方は

ひも（複数）の端に種々の景品を結び、そのひもをたばね、反対側の端をひいて、あたりはずれを決めるもので、今でも縁日の屋台では、たまに見ることができる。

「よせ」から「筋うち」まではいずれも銭を使ってする遊びで、その勝敗によって、銭のやりとりをする。

たびたび出る「ご法度」

さて、さきに示した御法度のほか、主なものをひろってみると、寛政六年（一七九四）十一月の町触に、

町々で子どもが集まり、きず（「城図」と書くようだ）、あないちと申す賭け事をしているが、教育上よくないから禁止する。

とあり、また翌寛政七年の年末には、

例年正月になると、町々辻々または空き地で、子どもと大人がまじって、きず穴一と称する賭け事をしているが、たびたび禁止しているとおり、決して行わないように。

との触れが出されている。また天保三年十月には、

土にて面形、または紋などをつくり彩色した、子供のおもちゃをもってあつまり、その品を投げ、当たったものの勝ちとなる。銭にて取り遣りしなくても、勝負事であるのは同じで、幼年のものの風俗にもかかわることであり、よからぬことであるから、今後このような事はいたさない事。

の触れなどがあり、はじめにあげた天保十五年の禁令に至るのである。

これらの触れの年号を見れば、寛政・天保の二度の改革の時期とほぼかさなっており、奢侈や風俗の取締の一環として出された禁令であることがわかる。そして当然のことではあるが、大人の賭け事についても、これらの触れと前後して厳しい禁令が出されている。また禁令が見られない時期であっても、幕府が大人であれ子どもであれ賭博の類を禁じていた。

「泥メンコ」

この、天保三年の禁令に出てくる「土にて面形、または紋などをつくり彩色した」ものという言葉を出すのにここまでかかったが、じつはこれが、地下の江戸から数多く出てくるものの一つなのである。

図21　大坂下りのめんがた
柳亭種秀『於路加於比』より

これは私どもの世界で、普通「泥メンコ」と呼んでいるもので、直径一―四㌢程、厚さ五㍉―一㌢強ぐらいの素焼きの円盤である。そしてその片面には、さまざまな紋様が、型押しされている。もとより、地下から掘り出したものであるから、彩色はほとんど見られないが、かすかに顔料の残るものもあり、当初は色がつけられていたものもあったことが想像される。

また、この「泥メンコ」は、江戸時代から明治時代初期にいたるまで作られていたものなので、当然民家などの蔵の奥に残っていることがあり、民具として収集の対象にもなっている。これも、彩色の残るものとまったく彩色のないものがあり、両者が町に出まわっていたことがわかる。

この、「泥メンコ」が、それでは江戸時代のいつ頃から作られはじめたかというと、十八世紀の半ば以降にはあったらしい。享保十二年（一七二七）の「目付絵」（柳亭種秀《りゅうていたねひで》『於路加於比《おろかおい》』）に、台の上に小さな面のようなものをならべている図があり、「大坂下りのめんがた」と書かれている。よく見ると、これは型に粘土をつめて遊ぶもののようにも見え、私たちがいっている「泥メンコ」とは少し違う。しかし、素焼きで子どもの手遊びの道具を作るという発想は同じことなので、ほぼこれに相前後して作られたとして間違いないのだろう。

その作り方は、まず「泥メンコ」の型を粘土で作りこれを焼いて原型とする。そして、粘土にこの型を押しつけて（多分銭を作る時のように並べていくつも原型を押印する）これを焼けばこれが雌型になる。その雌型の表面に剥離剤をぬったうえで、粘土をつめて抜き取り、それを焼けば完成である。これに色を塗れば、さらに高価に売ることができたろう。

このように、作り方を書いてみると、江戸時代にたくさん作られ諸国に流通した「土人形」とその製法がよく似ていることがわかる。

型で作る土人形は、京都の伏見が「元祖」といわれ、江戸では「今戸《いまど》焼」がよく知られている。各地でみつかる「泥メンコ」も関西であれば伏見、関東であれば今戸で作ったものとされており、実際その二大産地で作られたものが多かったのは事実だろう。

「泥メンコ」の作り方

ただ、例えば諸国の農村の産業の振興を啓蒙した大蔵永常の『広益国産考』(天保十五年)などを見てみると、「土人形」についても、農家の冬の副業として勧めている(六之巻、「伏見人形拵《こしらえ》様《よう》」)。そこに記されている作り方は、どこかで土人形を買ってきてそれを型にとりなさいという、著作権もへったくれもない鷹揚《おうよう》なもので、もっとずっと簡単な泥メンコであれば、それこそ少し器用な子どもなら自分でも作れそうだ。

軟らかい素焼きだから、粘土で形《かたち》ができれば、家のカマドに放り込んでおけば、炊事をする時に自動的に焼きあがる。あとは母親にみつからないようにして、熱が冷めたころをみはからって取り出せばよい。

伏見や今戸の「泥メンコ」の元型として、民具として伝わっているものを見ると、さすがに手仕事でていねいに型の紋様を彫り出している。しかし、発掘でみつかるものは、紋様のくずれたものも多く、子どもが作ったかどうかは別としても、その生産はさまざまな人の手によって行われたことがうかがわれるのである。

ところで、喜多村信節の『嬉遊笑覧』（文政十三年〈一八三〇〉）に、

今、小児玩物のめんがたは面摸《かた》なり、瓦の摸に土を入れてぬくなり、また芥子面《けしめん》とて唾にて指の腹に付る小き面のありしが、今はかはりて銭のやうにて紋形いろいろ付たる面打《めんちょう》となれり。（巻六、翫弄）

「芥子面」「めんがた」「もんづくし」

『物類称呼』に拳螺《さざえ》相州三浦にて、つぼがひと云ふ、さざえのふたをとうもいちといふ、是は童部の戯玩に穴一といへる事をすなり。……さて、この戯、銭をもてうつ事は意銭《ぜにうち》の名にも似つかはし。江戸にて木患子《もくろじ》を用ひし也、故にむく打ともむくろんげとも云り、明和の初め（一七六五頃）の川柳点　むくろんげおぶつてするが上手なり。近頃は瓦にて作れる小き面がた、又は紋尽しなどを用ゆ、めんてう、紋打など云へり。（巻四、雑伎）

とある。この「むくろんげ」ということばは、『柳多留拾遺《やなぎだるしゅうい》』十篇にも、

むくろんげ惣《そう》大将は十三四

とあって、今の小学校高学年から中学生ほどの年頃の子が、さかんに遊んでいたことがわかるのである。

『嬉遊笑覧』によれば、最初に指の先に貼りつける「芥子面《けしめん》」があり、次第に銭の形をした、つまり円盤状の「面打」となったと説明している。

発掘調査でもこの「芥子面」と思われるものがみつかっている。これは円盤というより、お面をごく小さくした素焼きの玩具で、表面にスタンプされているものは、人や動物の顔に限られている。「芥子面」が円盤状のものに変わっていったのかどうかは別として、両者が子どもの遊び道具として使われたことは間違いない。

ところで、芥子面の「芥子」という言葉だが、天保七年に刊行された、為永春水《ためながしゅんすい》の『春告鳥《はるつげどり》』に、一〇チセン四方程の桐の箱に入った豆粒ほどの人形や道具類の絵があるが、この説明で、

これは京都土産《かみがた》の芥子人形なり。近来《ちかごろ》何にかぎらず小細《ちいさき》が流行《はやり》、ひなの道具なんどもこまやかなるを愛すことは、お妓御《むすめご》さまがたの御存知なるべし。

といっている。もっともこれは、非常に手のこんだ細工で、値段も目の玉が飛び出るほど高かったものらしい。

芥子面の「芥子」もこれと同じで、芥子粒のように小さいという意味であろう。ここまで紹介した種々の随筆から、今使われている「泥メンコ」という言葉が当時はどのように呼ばれていたか見当がついてきた。

今は粘土で作られた、素焼きで小形の、片面に模様のある遊具をまとめて「泥メンコ」といっているが、どうも当時（文化・文政頃）は、人や動物の顔を模してお面のように作ったものを「芥子面」、円盤状に作り、表面にさまざまな紋様を描いたものを「紋尽し」と呼んでいたようで

ある。

これは、天保三年の禁令の中に見える「土にて面形、または紋などをつくり……」という表現ともあっており、「けしめん、めんがた、めん」「もん、もんづくし」などが当時の呼びかたと考えてよいようである。

泥メンコ遊びと禁令

さてここで、もう一度明治三十四年（一九〇一）に刊行された『日本全国児童遊戯法』にもどって、メンコの歴史や遊び方を見てみよう。

明治のメンコ

東京の部で、「穴一」をいかがわしい遊びとして「憚《はばか》って記さ」なかった同じ報告者が「面打」についてはやや詳しく報告している。

面打は「めんち」又は「めんこ」など唱え、以前は土もて踊の仮面《めん》に摸し作りたるものなれば、狐、天狗、しお吹、般若などの面がたなりしに、後には円形となり紋などの型に作りたり。然《しか》るに二十年程以前より鉛製の面打造り出されしかば、土製のものは影を止めずなりぬ。近く五、六年以前よりは、又一変して板紙もて造られしもの流行し始め、鉛面打はようやく廃れぬ（以下略）。

この報告者の記憶が正しければ、東京では明治十年代までは、江戸時代に引き続いて、素焼きの「メンコ」が使われ、これにかわって鉛メンコが十五年ほどはやり、そして戦後まで続く板紙のメンコが現れたことになる。

明治六年生まれの山本笑月は『明治世相百話』の中で、

泥めんこや鉛のめんこも今では珍物扱い。当時はたいてい二、三十個は手につかんで往来端にしゃがんだものだ。

と書いているから、鉛メンコの出現によって、これまで単に「メン・モン」などと呼ばれていた素焼きのメンコが、「泥メンコ」とあらためて呼ばれるようになったのだろう。

『日本全国児童遊戯法』にもどると、同じく東京の部で、銀杏《ぎんなん》打という遊びも紹介されているが、これも穴一と似たような遊び方であったらしい。

京都では、紙メンコが「一時小児遊戯界を風靡《ふうび》したる悪戯にして、勝負を争うものなり」として紹介されている。遊び方は、三、四十枚を重ねて地面に置き、自分の持った別のメンコをこれにぶつけ、一番下にあるメンコをはじき出すことができれば、積み重ねたすべてのメンコが自分のものになる「つみ」、一枚ずつ地面に置き、手に持った別のメンコを地に打ちつけた時の風圧で、置いためんこを裏返すことができれば、自分のものになる「むき」があったようで、さらにメンコのほかに「せぜ貝」でも同じ遊びをしていると記している。

大阪では「螺打《さざえう》ち」として、

ラムネの壜中に在る玉か、或は土製の団子を取り、地上に円形を画き、その中に、五、六個入れ、それより地に蹲《うずくま》りてこなたより打ってこれを取る。

と、ビー玉のはしりの様子が紹介されている。

いちいち紹介していると長くなるので、物を投げて穴に入れる、または相手の物に当てる、そしてそれが成功すればすべて自分の物になる、といったたぐいの遊戯について、使われたモノを並べてみると、尾張では銀杏、常陸では胡桃《くるみ》、磐城では胡桃と銀杏の両者が、出雲では「なが」と呼ばれた小さな貝、周防・長門では木患子《むくろじ》が使われている。また各地ですでに、板紙で作ったメンコも使われていたようである。

銀杏や胡桃（今、店で売られているクルミは殻がうすく、中の実が大きいようだが、子供たちが遊んだ胡桃は、もっとずっと皮の厚いものだろう）については、なじみがあるだろうが、ムクロジについてはあまり聞いたことがないかもしれない。しかし、この木は各地にずいぶんはえているようで、現在の東京でもままみかけることがある。銀杏をやや小粒にしたような実で、皮をむくと、暗褐色の種が出てくる。これが遊びの道具となった「つぶ」で、秋になれば近所に無数に落ちていたに違いない。

ムクロジの種は堅く、かつ弾性があるので、正月の羽根つきの羽根の頭として使われていた。

近頃はプラスチックに変わっているのかもしれないが、しばらく前まではムクロジが羽根の頭に使われていた。また、数珠《じゅず》の玉としても、昔から使われていたようである。

男の子のするおはじき

加賀では、十五、六歳の男の子の遊びとして「福徳はじき」が紹介されている。

「太郎ちゃん福徳はじきしましょう」この声を聞くや否や、今学校から帰って復習中にも拘らず、遽《にわ》かに書物を閉じ、手文庫の中から「福徳」を取り出して袂《たもと》へ捻じ込み、両親の目を忍んで裏口からこっそり抜け出で、……何処へ行くかと見てあれば近所の寺へ行き、御堂の縁板の上にてかの「福徳はじき」をするなりけり。福徳は最初は大抵小さくして、美しき彩色を施したる練り物にて、……のち漸く能面の面、人形、魚、鳥、獣類、器物等の型へ入れ土にて製し（尤《もっと》も彩色を施す）、弾《はじ》くに便ならんしめんとてか、裏面を平たくしたるもの出でてより、この遊び流行し来しよう思わる。その平たき所を石にて擦り減らし愈々《いよいよ》平たくする。これを「ねばくする」と云う。さて右の平たくしたる福徳を持って、縁板などの滑かなる所にて、ここよりかしこまでと印をつけ置き、その区画内に於いて弾き合いをするなり。

この遊戯上手にして而《し》かも夢中なる子供は、飯時をも打ち忘れ、平常《ふだん》行きもせぬ町々へ入り浸り、最初家より出ずるとき二、三の福徳を手にして出ずるも、一日のうちに七、八百ないし千個ばかりも勝ちて帰るがあり。それが為め当時この福徳ばかりを製造して商う家さえ出来、価も菓子店などにて求むるよりも廉《やす》く、二十個一銭ばかりなり。

本当に十五、六の男がこのような遊びをしたのか（もうすこし幼い子ではないか）という気もするが、とにかく爆発的にはやったということがわかるのである。

さらに、淡路では「かんころ」と称して「男児多く集り……、或る物を塀に投げつけ、その飛び反りて図中に入る時は勝とし、図外に出でし者の或る物を悉《ことごと》く皆取得することとなるが、事ほとんど賭博に類するものなれば、ここには憚りて詳悉せず」といった遊びがあったらしい。「或る物」というのがいかにも思わせぶりだが、報告者が極端に毛嫌いしていることから、私はこれを現金すなわち銭そのものと解釈している。

先の『守貞謾稿』に引用されていた、『物類称呼』（江戸日本橋在住の越谷吾山が安永四年〈一七七五〉に刊行した日本各地の方言集）にも、

さゞえのふたを同所（相州三浦三崎）にてとうもいちと云う。是は童部《わらわべ》の戯玩《げがん》に、穴一といえる事をすなり。浦里にてあれば、銭のかわりに用るものか。

とあって、穴一が本来銭をかけて遊ぶものであったことがわかる。

また、この本では、遊び方がやや異なるものの、

八道《むさし》　わらべの地上に大路小路の形を書て銭を投てあらそいをなすたわむれ也、京の小児むさしと云、大坂にてろくと云、泉州及尾張上野陸奥にて六道と云、相模又は上総にて江戸と

云。

とあり、銭をかける遊びが諸国にひろがっていたことがわかるのである。

「泥メンコ」の流通

さて、この「芥子面」や「紋づくし」は江戸の市中でどのようにして売られていたかというと、最初は行商が売りあるき、次第に番太郎小屋で売られるようになったらしい。

駒込に住んでいたという、幕府の家人山田桂翁は、『宝暦現来集《ほうりやくげんらいしゅう》』の中で、

安永年中（一七七二—八一）迄は、子供遊びにむくろんげと云ふ有り、むくをたがひに出して、蹴て当りたるを取りて遊びける。其蹴る時の言葉に、むくろんげせふろんげと云ふて蹴たる物なり、今なし、其後は平地へ茶碗ほどに穴を掘り、其中へ椋《むく》をなげ入て、這入たるを取たる物也、又其後は椋を平地へなげて、一つの椋にてなげあてゝ、中《あた》りたるを取たる物なり、又近比《ごろ》は其椋も止めて、銭の丸さ程に土にてこしらへ、箔などを付てひらたき物、町の番屋などに売けるが、此遊びやうはいかゞせしや予知らず。

と書いている。

また、『守貞謾稿』には、

面形売　今は売り巡らず、番太郎店等にてこれを売る、土形なり、小児この形に土を納れ、あくれば面となるもの也、今制ははなはだ小なり。

図22　発掘でみつかった泥メンコ
「梅鉢」「丸に十字」「三つ巴」などの紋章や、「龍」「蛇」「蛙」などの文字など、押印された文様はさまざまである。判読不明のものも多い。上段左の泥メンコは、直径3.7cm。東京都立白鷗高等学校敷地内出土。

とある。　（第二五編、遊戯）

ここに書かれているのは、これまで問題にしてきた「芥子面」や「紋形」ではなく、単なる粘土遊びの型のようでもあるが、『宝暦現来集』に書かれているのは明らかに「泥メンコ」であり、このような子どもの他愛ない玩具が、番太郎小屋で売られていたことがわかるのである。

ちなみにこの番小屋では、ぞうり・わらじ・ほうき・駄菓子・焼芋（長谷川時雨『旧聞日本橋』）や糊・肉桂《につき》（『守貞謾稿』）など、値のはらないものを扱っていたようで、わずかな賃金で町に雇われている番太郎のささやかな副業であった。

泥から紙とガラスへ

明治になって、泥メンコから鉛メンコにかわり、そして厚紙を使った紙のメンコに移っていく。この紙メンコがあらわれたことによって、それまでの当てて取る方法から、「裏返す」「重なったメンコから一枚を弾き出す」という、新しい遊び方に変化したといってよいだろう。

そして、従来の「泥メンコ」の遊び方はビー玉にひきつがれたのである。

ビー玉といえば、明治時代の中頃に、ガラス製のものが作られ、次第に美しいものに変化してゆくが、幕末から明治時代の初め頃には、球形の「泥メンコ」ともいうべきものが作られている。発掘でも「泥メンコ」ほどの数はみつかっていないが、それでもかなりの数が発見されている。

これは粘土を丸めて焼いただけという、さらに簡単なもので、売っていたものとしても、相当安いものであったと想像できる。

穴一の道具と禁令

平安時代の「意銭」は別として、江戸時代では地域により、そして時代によって、「穴打」「穴一」などと呼ばれかたは色々だが、その遊びに使われたものは、銀杏・胡桃・ムクロジ・貝・「泥メンコ」・銭などいろいろであった。

さて、明治三十年代の報告者が、眉をひそめ、江戸時代に幕府が頻繁に禁令を出したこの遊びが、つねに銀杏・胡桃・ムクロジや貝などで行われていたとしたら、一体、大人たちはこれを好ましくないと思うであろうか。

銀杏や胡桃などは秋になれば、それこそ無尽蔵といえるほど身近にあるもので、それが子どもたちの真剣な賭けの対象になるとは、私にはとても思えないし、当時の親のヒンシュクを買うとも思えない。

また、拾うのでなく買った道具である「泥メンコ」にしても、子どもたちが賭けて遊ぶ枚数が少なければ、それほど目くじらをたてることもないように思える。しかし、子どもの遊びというものには、不変のルールがあるわけではない。場所により、そして時代により、遊びのルールは変幻自在に変わるものであろうし、「悪ガキ」が遊びの中心になった場合には、たやすく「賭け」の対象がエスカレートして大人のヒンシュクを買ったであろうこともまた、容易に想像できるのである（さきにあげた、寛政八年の禁令にも「後には若者も加わり、銭を賭けて勝負することになり」とある）。

柄井川柳《からいせんりゅう》と同世代の小山雨譚《うたん》が『川柳評万句合』に註をほどこしたものが残っている。そのなかに、

穴一チハいろはといつてた丶くなり　（安永六年）

の句があり、その註として、

イロハといつても博打のイロハだといつて折檻《せっかん》する

と記している。この句から見ても、銭をかけたものになりやすいものだったのだろう。

つまり、この遊びは、身のまわりにある自然のものから泥メンコへ、そして銭そのものを賭けるという、直線的な変化を示すのではなく、ある時期はある一定の地域で、他愛ない遊びとしてムクロジなどで遊ばれ、それが次第に変化して銭を賭けるようになり、またムクロジや泥メンコに戻る、といった、複雑なというより、かなりいいかげんな、変わりかたをしたと考えたい。

このあたりの事情について山崎美成《よししげ》は、

これらの戯（あないち・よせ・けし・かんきり・筋打・からばなど）、皆穴市の類で、ただ名を異にするのみ。二十年前ほどは、木患子で穴市をし、これをむく打といった。その後さやかなる面を土でつくり、これでその遊びをして、これを面打といった。また、今は紋を土で作り、これでその遊びをして、これを紋打という。

また、むく打に（もう）一種がある。筋を引くだけで穴を掘らず、相互に二つ、三つずつ出しあい、それを筋の向こうに投げ、どれを打つと聞いて、相手の指定したものを打つ。あたれば勝ちで、当たらなければ交替する。順番に交代しながら遊ぶ。面や紋でも、皆このように遊ぶ。これは、私が見たところを記録した。（『博戯犀照』）

と、まとめている。ここで彼が、「皆穴市の類」と大らかにいっていることは重要で、穴一という遊びを今の私たちの感覚で厳密に定義することは不可能だと私は思っている。

『雨譚註川柳評万句合』で、

御用らがこぞるとたこのほねを書《キ》　（安永六年）

の註として、一言「穴市」と断言している。たこの骨とは、その形から『長崎歳時記』の図にある「こうば一名穴ほん」という遊び方に近いものに相違ない。

寛政六年の町触に「きず（城図）、あないちと申す賭け事」とある。この城図は平安京などの条坊のように線を引くという意味だろうから、「たこの骨」に相当するのはあきらかだろう。雨譚は「たこの骨」＝穴一といい、町触では城図と穴一を並列に（別のものとして）書いているのだから、当時から遊びの内容と名称が混乱していたことがわかろう。

場合によっては、同じ地域で、年長者は銭をかけ、幼児はその辺にあるものを使って、同じルールの遊びをそれぞれしていたのかもしれない。そして、特に江戸などの都市部でおうおうにして、賭けの要素の強い遊びに変化し、たとえ「泥メンコ」など直接に銭を賭けるものでなくても、その「賭け」の性格が強まることが、ままあって、このために幕府の禁制もしばしば出されたのではあるまいか。

田畑でみつかる「泥メンコ」

さてこの「泥メンコ」であるが、実は江戸など都市近郊の農村部で、畑などでみつかることがよく知られている。これについては、子どもがあやまって便所に落としたものであろうと、よくいわれている。

例えば石井車偶庵・相場野歩『房総の郷土玩具』（昭和五十一年）では、

化学肥料のすくない昔、農家の畑や田に散布する肥料は、都市で排出する下肥が主体であった。千葉でも地元はもとより、東京、神奈川、埼玉方面から馬車、牛車、さらに船便で、農家の田畑に輸送し、施肥したといわれる。

習志野原の土面（泥メンコ）はこうした都市から運ばれた下肥とともに、散布される時、土中に埋ったもので、すでに十数年前から多くの人たちに出土品の対象として着目されている。これらの種類を見ると、役者の紋づくし、面類、天神、五重塔などあらゆるものがみうけられる。これは江戸末期から明治初期に都市の子どものふところから便所に落ち、それらが下肥とともに運ばれ、数十年の年月を経たわけである。

と説明している。

この解釈で、大きな間違いはないのかもしれないが、話として面白くないし、さらに、畑などで出てくる泥メンコの数が、まちがって落したにしては多すぎるような気がしてならない。

たかが子どもの安っぽいおもちゃだから、金庫に入れて大切にしたとはいわぬが、加賀の子どもたちの「福徳はじき」の例をみても、子どもなりの宝箱に入れていたことは間違いないだろう。そのような子どもにとっての宝を大量にトイレに落とすとは、どうにも考えにくいのである。

そこで、この遊びがしばしば「賭けごと」に類するものに「発展」し、幕府からは「御法度」が出されたということに注目したい。

ムクロジや銀杏、あるいは石で遊んでいるうちは、たあいない遊びとして暖かく見守っていた親も、もしその遊びの対象が「銭」に移ったとすれば、銭は没収。その銭は当然親が使うことになるだろう。

さて問題なのは、「泥メンコ」である。これは銭で買うもので、いかに安いものであっても、過熱すれば、銭を使うのと同じような意味合いがあるだろう。幕府で禁止はしていても、それはそれ、お目こぼしもあろうし、なにしろ番太郎の生活がかかっているわけだから、手をかえ品をかえて番小屋で売る。それを子どもたちが買って賭けに熱中する。

そこで注目したいのが、冒頭にあげた天保十五年二月の町触のあとに書かれている添え書きである。そこには、

番屋（番太郎小屋）にもこのような品（泥メンコ）が置いてあろうから、手荒くはせずにこれをとりあげるように、

と書かれている。

子どもたちの持っている分については書かれていないが、番太郎の大事な飯の種をとりあげるぐらいだから、子どもの手持ち分も「自主的」に提出させられたと見よう。そこで、大量に集められた「泥メンコ」をどう処分するかの問題がおきる。細かく砕くか、子どもが拾えない場所に捨てるのが考えうる方法だろう。砕くのは大変手間がかかる。とすれば、川などに捨てるしかなかろう。

ところで、江戸では川や堀が、交通や物資を流通させるための主要な手段であったことはよく知られている。にもかかわらず、降雨による土砂の流入、落ち葉、そして人々の捨てるゴミなどによって、流路がせばめられ、浅くなって、幕府はこの対応に常に苦慮していた。定期的に堀浚《さら》いを行うと同時に、人々に対しては、川や堀にゴミなどを捨てることを厳しく禁じており、これに関する町触がしばしば出されている。

「泥メンコ」は大家や町名主のもとにも集められたろう。しかし、町の規範たるべき彼らが、川や堀にこれを捨てるわけにはいかなかったのである。

とすれば、確実に再使用が不可能な場としては、便所しかなかったことになる。「泥メンコ」

は素焼きであるから、便所に投げ入れれば、下肥がたっぷりと染み込むこと間違いない。いかに町のガキ大将といえどもこれを拾って使う勇気はなかったのではないか。
とすれば、江戸の近郊であった下総などで数多くみつかる「泥メンコ」は、天保三年など、厳しい禁令の出た時々に、集中して近郊の田畑に移動したと考えるべきだろう。

穴一をひつたてて行くにいいし染
（『誹風柳多留』八編、安永二年〈一七七三〉）

「にいし染」は「丹石染」で柿色の染め物。酒屋などの奉公人がこの色の前掛けを使っていた。丁稚《でっち》が主家の息子（たぶん同年配だろう）が穴一をしているところを、主人か番頭のいいつけでつれもどしている光景か。ほかにも穴一の句は多く見られるから、江戸の子供たちのあいだでは、この遊びがずいぶんはやっていたことがわかる。
ただ『誹風柳多留』で見る限り、寛政の改革頃からあとは「穴一」の句は見られなくなる。しかし明治に編まれた『日本全国児童遊戯法』でも全国的に行われていたことが窺われるから、この遊びがずっと行われていたことは明らかだ。『誹風柳多留』などの版行物では「御公儀」に遠慮してこれを扱わなかったと考えられよう。

ばいまわし

もう一つ、ものをかけた遊び「べーゴマ」も江戸時代から続いた子どもの遊びであった。

ばいこま——べーゴマ

井原西鶴の『好色一代男』で主人公の世之介（この時三十八歳）は、

夜がふけるまで寝もせずに、木枕を重ねてのだるま落し、螺（ベイゴマ）まわし、扇を引きあう遊び、小石を握りこんで「さあ何個」と、いい年の連中がいつの間にか子供にかえって立騒ぎ。（吉行淳之介現代語訳）

と、べーゴマ遊びをしていることが描かれてる。この場面は、世之介が宮川町から若い衆（陰《かげ》間《ま》）四、五人を呼びよせて、遊んでいるところだが、こんな描写からも、べーゴマが子供の遊びとして定着していたことがうかがわれるのである。

また『和漢三才図会』（正徳三年〈一七一三〉）には、

いつ始まったかはわからないが、いなかものや悪童が遊ぶ。バイの殻の頭を平らにし尻を尖らす。ひもを巻いて盆の中に投げいれてまわす。二三のバイではじきあって勝負する。熊野で取れるバイが厚くて堅い。

とあり、『嬉遊笑覧』（文政十三年〈一八三〇〉）には、

ばいの貝殻に、鉛をとかしてつぎこめば、貝の尖ったところに入って重くなるので、勢い

図23　貝まわし

手前左の子どもが桶の上に敷いたゴザの上にバイを投げ入れ、右の子どもがそれをめがけてバイを投げ込もうとしている。後方では、職人がバイ貝を加工している。長谷川光信『絵本御伽品鑑』より。

が強くながくまわる。小児がこれをまわして勝負する。むしろをしき、二人でバイをその上でまわすと、当たりあって、強いほうが弱いものをはじきとばす。

と、鉛を使った強化策を紹介している。

『守貞謾稿』（嘉永六年〈一八五三〉）では、

「ばいこま」という名前は聞いたことがないが私が名付けた。図のように（貝の）上半分を槌で打ち欠き、砥石で磨いて、ひもで廻す。

京坂の男童は「貝徳」といって、貝を回し勝負する。砂糖やソーメンの空櫃の蓋をとって、上にムシロなどをかけて中央を凹める。二人で一つずつ貝を投げ入れて回し、弾き出した方を勝ちとして、貝を取る。文化頃より行われるが、その始まりの時期はわからない。

賭けて勝負をするので、貝の底に鉛を溶かしこみ、そのうえを蠟で埋める。表は朱または青蠟で覆い、平らにする。子供が作るのでなく、店でこれを売っている。値段は三、五十銭から、手のこんだものは百文ほどである。

江戸では京坂のような手のこんだものは無く、番太郎小屋で貝殻をそのまま売っている。一個二銭でこれを子供が自分で加工する。江戸でも賭けて遊ぶが、鉛や蠟を使ったものは稀である。

と紹介されている。

図24　貝　独　楽
バイ貝の上部を切り取り尾部だけを使用した。内部には鉛や蠟が詰められている。

これが、第二次大戦後も昭和三十年代ぐらいまで遊ばれ、近頃では「懐しの玩具」として、町の駄菓子屋などでも売られている「ベーゴマ」の前身であることは、ばいこま―べーゴマという発音の一致とともに、裏に造りだされている、巻き貝に似せたらせん状の渦を見ても明らかである。

バイ貝から鉄のベーゴマに

バイ貝の「ベーゴマ」は、井原西鶴の元禄時代から（それ以前もあったのかもしれないが）ながく使われ続け、貝から、鉄製のベーゴマへ変わるのは、日露戦争の終わった明治のおわり頃だったようだ。

「これ、鉄蛽《かなばい》や。こいつ、強い

で。」

そして孝二のてのひらに鉄蛽をのせた。

「ふーむ。」と、孝二は鉄蛽をとみ、こうみ。それは蠟蛽より、形《なり》はいくらか小ぶりだが、鉄のせいか蠟蛽より重い。

「これ、どうしたん?」

「豊さんにもろたんや。大阪では、蠟蛽より鉄蛽がはやってるんやて。こいつは蠟蛽みたいなもん、一ぺんに負かっしよるで。」

「ほんまけ?」

「ほんまや。嘘や思たら、一ぺん、勝負、いこか。」

そして、蠟蛽の孝二は、鉄蛽の兄誠太郎に、完璧に負けてしまう。

孝二は三つの蛽を箱に入れ、上から綱でしばった。

「わし、もう、蛽廻しはやめや。」

「それがええ。」

と、既に草履編みの夜業《よなべ》にかかっていたぬいが言った。

「わいらも、勝負ごとは大きらいや。学校でも、蛽廻しはとめたはる。ばくちまがいになるからや。」（中略）

誠太郎は祖母の言葉半ば、早くも寝床にもぐり込んだ。孝二の蠟蛽をやっつけた強い鉄蛽は、彼の枕もとで尖った尻を天井に向けていた。

（住井すゑ『橋のない川』第一部「星霜」）

貝から金属のコマへの変化については、まず日露戦争後に真鍮のコマができ、これが高価だったためさほど普及せず、明治四十年代にはじめて鉄のベーゴマができたと説明しているものもあるが（多田敏捷編『おもちゃ博物館一二　羽子板・凧・独楽』京都書院、一九九二年）、いずれにせよ明治時代のあいだに貝のコマが鉄コマにかわったことがわかるのである。

みつからないばいこま

このバイ貝を使ったベーゴマは、京坂では五十—百文で売られ、江戸では材料の貝殻を二文ほどで売っていたという（『守貞謾稿』）。であれば、発掘でもこれがみつかるのが当然だと思うのが人情であろう。ところがこれがみつからない。

私の捜しかたがわるいのでみつからないのかもしれないが、少なくとも「泥メンコ」のように、どこを掘ってもいくつかはみつかるということはないのである。

バイ貝自体は食用になるし、食べかすとしてみつかることはある。しかしこれを独楽《こま》にするには、上半部を打ち欠き、中に蠟や鉛をつめる必要がある。このように加工されたものはみつかれば、すぐにそれと見分けがつくはずである。しかしこれがみつかっていないのである。もしみつかっていたとしても、ごく少ないことだけは間違いない。

京坂では百文もしたと書かれているし、江戸では二文とはいえ、これを加工するには鉛や蠟が必要だろう。垂れおちた蠟を買い集める商売があった時代である。子どもの遊びの材料としては、分不相応に高価なものであったことは間違いないであろう。

そこでまた、幕府の禁令にたちかえるわけである。

遊びとして子どもたちの間で行われていたとして、それを問題にせざるを得ない程にまで蔓延して、はじめて「禁令」という強硬策がとられると考えれば、実は「べーゴマ」はその値段があまりにも高すぎて（百文といえば、相場の変動はあるものの、米一升に相当する）、遊ばれていたとしても、賭けの対象にはなりにくかったと考えてもよいのではないだろうか。

だから、ろくど・穴一のような頻繁な禁令が出されなかった。コマを賭けていたとしても、ごく一部での流行だったのではあるまいか。

当時の記録者がこのコマを目にしたことは事実であろう。しかし、それが子どものあいだで、問題になるほど日常的にされていたのかということとはまた、別の問題と考えるべきであろう。そのように考えなければ、地下からこのコマがほとんどみつかっていない理由を説明することができないのである。また、さきに紹介した「穴一」については、『誹風柳多留』にもずいぶんとりあげられているが、ばいごま遊びはみつけることができなかった。これも、ばいこまがさほど普及していなかったことの、間接的な証拠になるのかもしれない。

本章でふれたように、江戸時代の遊びについて記したものは数多くある。しかし遊びを並列的に紹介したものでは、子どもの世界で何が主流を占めていたかは知ることができない。実際の姿により近づくためには、様々な目線から見てゆく必要があるといえよう。

明治時代になって、鉛や蠟が子どもの手にとどくようになってはじめて、ベーゴマは、庶民の子供たちの遊び道具になった。しかし、気軽に手が届くようになると、やはりこれも禁止されるのは、『橋のない川』によっても明らかであろう。

真の豊かさとは――エピローグ

山川菊栄《きくえ》は『武家の女性』の中で、「下級武士」の妻であった母の千代からの聞き書きで、幕末の武家（水戸藩）の暮らしのようすを克明にえがいている。

お縫い子修業

女の子は十二、三のころからお縫子として、裁縫のお師匠さんに弟子入りします。千世が始めて裁縫のお師匠さんについたのは川崎町の石川富右衛門という老藩士の奥さんのところでした。そこは身分の低い、ごく貧乏なお侍でしたから、御主人も息子さんも傘張りの内職、お嫁さんは賃機を織っていました。

このお師匠さんのご主人は六尺ゆたかの、頭の禿《は》げた大きなおじいさんでしたが、自分の家へ来るお縫子が大の御自慢で、可愛くてたまらぬという風でした。

着物を一枚仕立て上げると、お師匠さんは、

「それでようござんすからおじいさん（師匠のご主人）の所へもっていらっしゃい」

といいます。おじいさんの部屋へもっていきますと、内職の傘張りの手を休めて、

「どれどれ」

と仕立物を手に取り、どうせ分るはずもないのですが、

「結構です、よく出来ました、おめでとう」

と褒《ほ》めて祝ってくれます。おじいさんに、お礼をいって部屋へ帰り、仕立物をお師匠さんの前においで手をつき、

「おじいさんがこれでいいとおっしゃいました」

と報告します。そこで始めてお師匠さんも、

「おめでとうございます」

と祝ってくれ、ここでまたお礼をいい、それから友達一同に向かい、仕立物を前において、

「皆さん、ありがとうございました」

というと、口々に、

「おめでとうございます」

といってくれるのでした。


（「お縫い子として」、一部略）

千世が手習いをやめて縫子として弟子入りしたのは十三歳、今でいえば中学校に入るか入らな

いかの時期である。

私はこれまで、江戸の地下からみつかる、さまざまなものを通じて、この時代のようすを復元しようと試みてきた。それはそれで十分に、江戸時代の生活の一端を示すものであり、文字や絵画だけの世界ではわからない部分を語ることができるものだと思っている。

しかし、この母千代の「お縫子として」を読んだとき、なぜ私がいま、江戸時代の生活にひかれているのか、はっきりとわかったような気がしたのである。

今の社会が何かおかしい、どこからおかしくなったのか、また、どうすれば良いのだろうという疑問に、もちろん直接に答えるものではないけれど、人としての、あるいは生き物としてのまっとうな暮らしが、いったいどのへんにあるのかというヒントを与えてくれるような気がしたのである。

豊かな生活とは？

むかし、人は生きるために学び、生きることと学ぶことが、まさにぴったりとよりそっていた。プロローグでも触れたが、なぜ今の満ちたりた社会で「学級崩壊」がおきるのか？　少年犯罪が増えつづけるのか、それも生活苦からくるものでない犯罪が？　むかし見た映画「自転車泥棒」では、盗むほうも、そして盗《と》られたほうも一車《しゃ》懸命だった。

あげつらえば、さまざまな理由があるのだろうが、根《ね》は、「今やっていることが、自分が生きてゆくことに役立たない。親や『社会』が期待するもののために、勉強させられている」ということを、子どもたちが無意識のうちに敏感に感じとっているからではないのだろうか。そしてその社会の期待するものの未来が、どこにいくのかおぼろげに、いやはっきりとつかんでいるのではあるまいか？　大人たちが恐ろしくて考えられない、あるいは考えようとしない、ごく近い未来のことを。

大発生したレミングの群れは、一途に「前向きに、前向きに」進み、やがて海に入って滅びるという。これに疑問を感じるレミングは群れから離れ、残念ながら、これもやがて滅びるのだろう。

べつに江戸時代である必要はない。奈良時代でも鎌倉時代でも、あるいは戦前の社会でもよい。その与えられた社会の中で、人々はどのように生きてきたのか、また死んでいったのか。また、江戸時代は、本当に貧しかったのか、今の世は、本当に豊かなのか。

♬お江戸日本橋七つ立ち

（朝四時、より正確には夜明けの二時間ほど前の出発）

昔、人は日の出を待ちかねて活動を始めた。それだけ闇が恐ろしかったのだろうし、お天道様《てんとさま》をありがたく思っていたのだろう。

「まだ暗くても、もうすぐ夜明けだ」。

まさに、夜明けにむかって歩き始めたのである。

しかし、その江戸時代でさえも、箱根から関東《こちら》（江戸より）には妖怪はいなくなってしまったという。今、世界中から妖怪が追放されたのとうらはらに、人が妖怪となって、この星に跋扈《ばっこ》しているのではあるまいか。

「素晴らしい情報化社会」の中で、人は携帯電話とインターネットで交わり、生身《なまみ》を生きることがますます希薄になっていく。

貧しい時代、人の欲望は、将来の「発展」へ向かっての原動力であった。しかし、発展をいつまでも続けていいものでないことは、単純に、地球の収容力を考えれば、どんな素人でもすぐにわかることである。世界一の長寿国になり、お天道様《てんとさま》のしたで、三度々々の食事《おまんま》をいただき、暖かい布団の中で寝て、そのうえに一体何を望もうというのか。

　衣食たりて、礼節を知る。

『管子』の中の有名な言葉である。二十世紀は、この管仲の言葉が、決定的に間違っていたことを、この星をあげて、実証した世紀であったのかもしれない。

欲望は、満たされない時に美しい。

しかし、すべての欲望が満たされている時、さらなる欲望は、はてしなく醜悪である。

どこで止まるべきか、あるいはどこで止まるべきだったか、いま私たちは真剣に考えてみる必要があるのではないだろうか。

浪華《なにわ》の商人《あきんど》紀伊国屋《きのくにや》亦右衛門《またえもん》、のち剃髪《ていはつ》して、大融寺の僧円智坊《えんちぼう》の辞世、
落ちて行く奈落《ならく》の底を覗《のぞ》きみん　いかほど欲のふかき穴ぞと
伝柳沢淇園《きえん》『雲萍《うんぴょう》雑志』（天保十四年刊行）

あとがき

『アスファルトの下の江戸』というタイトルは、私たちが発掘調査をする時に、まずアスファルトをはがす作業からはじめるという実際の手順から発想したものであることはいうまでもない。

しかし私はさらに、「アスファルトの下」という言葉のなかに、今、私たちが享受している文明が石油に大きく依存したものであるのに対し、それ以前の、基本的に太陽エネルギーのみで暮らした社会という意味をも込めたつもりである。

石油の残存量は、何十年も以前から「あと三十年」といわれているそうだ。その真偽のほどは私にはわからないが、三十年だろうと、百年だろうと有限なものであることは間違いない。

これを予測して「代替エネルギー」の開発が急がれているようだが、代替エネルギーでスーパーマーケットのレジ袋はつくれないし、ビニールハウスもつくれない。原子力で電気エネルギーは確保できても、現代の「文明」自体が石油なしには成り立たないということは、多くの人が指摘しているところである。アスファルトは石油のしぼりカスのようなものだろうから、今の石油の海に浮かぶ泥舟のような「文明」を象徴する意味も込めたのである。

さて、昭和三十年代後半から拡大をつづけた国土の開発にともなって、発掘調査の件数も飛躍的に増加した。それとともに発掘の対象となる時代も、古代にかぎらず鎌倉時代～江戸時代と次第に拡大していった。それによって、これまでの文献や絵画史料のみではわからなかった部分も次第に明らかになってきた。

しかし、いわゆる「バブルの崩壊」から後、事情が一変する。

開発が急速に減少すると同時に、直接に利益に結びつくわけではない（というより反する）発掘調査にたいする「向かい風」が、その風速を徐々に強めはじめたのである。このこと自体は、私はある程度やむをえないと思っている。そもそも昔の発掘は、遺跡のありそうな場所の見当をつけ、菓子折りを持って地主の承諾をうけ、手弁当で行なったものである。

ただ大きな問題は、この流れをうけ、また地方分権への移行を前に、文化庁が驚くほど無定見な「指針」を出したことである。

「指針」全体についての批判は別の機会に行なっているので、ここでは本書に関連するところのみをあげてみたい。

文化庁は「保護の対象となる埋蔵文化財の時代や種類上の範囲に、地方公共団体による違いが

生じており、総体としては範囲が拡大する傾向がある」として、
①おおむね中世までの遺跡は原則として対象とすること
②近世の遺跡については、地域において必要なものを対象とすることができること
③近現代の遺跡については、地域において特に重要なものを対象とすることができること
の三つの「指針」をあげたのである。

地方に権限を委譲するのであれば、「地方公共団体による違いが生じて」いてもそれはそれでまったくかまわないと私は思うのだが、ここではその点にはふれない。

ここで問題にしたいのは、「地域において必要なもの」あるいは「地域において特に重要なもの」の内容が何か？　ということである。

もし私が自治体の長であれば、この文言をみれば間違いなく、「お城」など当地の「誇り」といえる場所の発掘をさせる。そしてこれを整備して市民の憩《いこ》いの場とし、あわせて観光の目玉として「地域の活性化」（私個人としてはとても嫌いな言葉だが）に役立たせるだろう。実際、各地で城跡の発掘調査と整備が行われ、なかにはまったく根拠のない「城」をつくってしまった例もあるようだ。

このこと自体を「悪い」といい切る気持ちは私にはない。片隅とはいえ首都圏に住む私が、「シャッター通り」に象徴される「地方都市」の苦悩と、改善への努力を批判する資格はないと

思うからである。

しかし、お城など当地の誉《ほま》れに類するものは、あくまでも特殊なものであって、武士にしろ農民や町人にしろ大多数の人々がはるかに質素な暮らしをしていたことは、本書でその一部を紹介したとおりである。そして当時の社会を理解するためには、これらの人々の暮らしを正確に復元することこそが大事なのではあるまいか。

はじめにも述べたとおり、文献史料はあくまでも「伝えたいもの」が記録されたという性格を否応《いやおう》なく持つものであり、絵画史料は「美しく」描かねばならないという宿命を持っている。だから、それらをもとに復元した「裏長屋」が（建築史家が十分に考証したであろうにもかかわらず）、実際のものよりはるかに立派なものになっていることは本文中に述べたところであるし、蠣殻《かきがら》屋根が絵画にあまり見られないのも、このことに起因するのかもしれない。

城跡の発掘調査が必要でないというわけではない。しかし、文化庁が「地域において必要なもの」といった時、当時の大多数の人々の暮らしの痕跡が置き去りにされる可能性がきわめて高いといわざるを得ないのである。

たしかに江戸時代の遺跡はその数も多く、また江戸などの町中であれば、たびかさなる火災などによる土盛りが多く、掘り出す土木量も膨大になる場合がしばしばある。みつかる遺物の数も多く、発掘や整理にかかる費用（と時間）が大きな負担になる場合も多いかもしれない。しかし、その解決方法は別にあるはずである。

今後、各自治体がどのような取捨選択をするかは流動的な面もあろうが、文化庁が当時の暮らし全体を明らかにする方向をすて、城（と特定しているわけではないが）などの「よいもの」主義に走ったことは、歴史に興味を持つものにとって、まことに不幸なことといわざるを得ないのである。

二〇〇五年三月

寺島孝一

著者紹介

一九四六年、東京都葛飾区に生まれる
京都で平安京跡の発掘調査に携わったのち、東京で加賀藩江戸藩邸などの江戸遺跡の発掘調査に従事
江戸遺跡研究会世話人代表
現在、千葉県習志野市在住

歴史文化ライブラリー
192

アスファルトの下の江戸
住まいと暮らし

二〇〇五年(平成十七)六月一日 第一刷発行

著　者　寺《てら》島《しま》孝《こう》一《いち》

発行者　林　英男

発行所　株式会社 吉川弘文館
東京都文京区本郷七丁目二番八号
郵便番号一一三—〇〇三三
電話〇三—三八一三—九一五一〈代表〉
振替口座〇〇一〇〇—五—二四四
http://www.yoshikawa-k.co.jp/

印刷=株式会社 平文社
製本=ナショナル製本協同組合
装幀=山崎　登

歴史文化ライブラリー

1996.10

刊行のことば

現今の日本および国際社会は、さまざまな面で大変動の時代を迎えておりますが、近づきつつある二十一世紀は人類史の到達点として、物質的な繁栄のみならず文化や自然・社会環境を謳歌できる平和な社会でなければなりません。しかしながら高度成長・技術革新にともなう急激な変貌は「自己本位な刹那主義」の風潮を生みだし、先人が築いてきた歴史や文化に学ぶ余裕もなく、いまだ明るい人類の将来が展望できていないようにも見えます。このような状況を踏まえ、よりよい二十一世紀社会を築くために、人類誕生から現在に至る「人類の遺産・教訓」としてのあらゆる分野の歴史と文化を「歴史文化ライブラリー」として刊行することといたしました。

小社は、安政四年（一八五七）の創業以来、一貫して歴史学を中心とした専門出版社として書籍を刊行しつづけてまいりました。その経験を生かし、学問成果にもとづいた本叢書を刊行し社会的要請に応えて行きたいと考えております。

現代は、マスメディアが発達した高度情報化社会といわれますが、私どもはあくまでも活字を主体とした出版こそ、ものの本質を考える基礎と信じ、本叢書をとおして社会に訴えてまいりたいと思います。これから生まれでる一冊一冊が、それぞれの読者を知的冒険の旅へと誘い、希望に満ちた人類の未来を構築する糧となれば幸いです。

吉川弘文館

〈オンデマンド版〉
アスファルトの下の江戸
住まいと暮らし

歴史文化ライブラリー
192

2018年(平成30)10月1日　発行

著　者　寺《てら》島《しま》孝《こう》一《いち》
発行者　吉川道郎
発行所　株式会社　吉川弘文館
〒113-0033　東京都文京区本郷7丁目2番8号
TEL　03-3813-9151〈代表〉
URL　http://www.yoshikawa-k.co.jp/

印刷・製本　大日本印刷株式会社
装　幀　清水良洋・宮崎萌美

寺島孝一(1946～)

ISBN978-4-642-75592-4